엄마가 절대 모르는

내 아이의 슬기로운

DIGITAL

학교생활

엄마가 절대 모르는 내 아이의 슬기로운 DIGITAL 학교생활

신병철·이용한·최은창·하주성

프롤로그

디지털 세상에 사는 아이들, 따라가기 바쁜 엄마들

교실이 바뀌었다, 교육도 바뀌었다.

"요즘 애들, 스마트폰만 쳐다봐요."

"학교에서 뭘 배우는지도 모르겠어요."

"종이 교과서를 거의 안 쓴대요. 이제 수업도 화면으로 한다면서요?"

상담 시간에 가장 많이 듣는 학부모님의 말입니다.

20년 가까이 교단에 서 있으면서 교실은 정말 많이 달라졌습니다. 아이들은 책상에 앉아 선생님의 설명만 듣던 수동적인 존재가 아닙니다. 태블릿을 들고 생각을 나누고, 그림을 그리고, AI에게 질문을 던지며 스스로 배우는 '능동적인 학습자'로 변하고 있습니다.

이 변화의 중심에는 에듀테크와 인공지능이 있습니다.

수업에 사용되는 툴은 너무나 다양하고 빠르게 진화합니다. Padlet(페들렛), Canva(캔바), 띵커벨, AI 디지털교과서…….

이 단어들이 생소하게 느껴지시나요?

아이들은 이 도구들을 활용해 생각을 정리하고, 의견을 나누고, 발표하고, 질문합니다. 어쩌면 '아이들이 뭘 배우는지 모르겠다'는 엄마들의 말은, 디지털 교실의 문을 아직 열지 못했기 때문인지도 모릅니다.

이 책은 그 문을 여는 열쇠가 되고자 합니다.

제가 직접 아이들과 함께 수업하며 느낀 변화들, 교실에서 실제로 사용하는 디지털 도구들, 그리고 그 안에서 아이들이 어떤 방식으로 사고하고 소통하는지를 알려드리겠습니다.

특히, 이 책은 '엄마'의 시선에서 디지털 교실을 바라보고자 했습니다.

복잡한 기능 설명보다, "이건 집에서 어떻게 도와줄 수 있을까?", "아이가 이걸 잘하려면 뭘 연습하면 좋을까?" 하는 질문에 초점을 맞췄습니다.

디지털 교실은 단지 '기계가 있는 교실'이 아닙니다.

아이들이 스스로 표현하고, 협력하고, 창의적으로 사고할 수 있는 공간으로 진화하고 있습니다.

엄마가 조금만 관심을 갖고, 한 걸음만 함께 걸어주신다면 아이는 더 든든하게 그 세상을 탐험할 수 있을 것입니다.

이제, 우리 아이가 어떻게 배우고 있는지 함께 들여다볼까요?

1장. 아이는 언제부터 디지털 교실에 익숙해졌을까?

"엄마, 이건 그냥 터치하면 돼요!"

"얘가 학교에서 이런 걸 배운다고요?"

처음으로 자녀의 온라인 수업을 함께 본 한 어머님은 놀라움을 감추지 못했습니다.

아이 손끝에서 태블릿 화면이 빠르게 움직이고, 작은 글자와 버튼들을 자유자재로 조작하며 수업에 참여하는 모습은, 마치 디지털 기기를 오랜 시간 다뤄온 전문가 같았기 때문입니다.

실제로 요즘 초등학생들은 디지털 환경에 매우 익숙한 세대입니다. 아이들에게는 종이보다 화면이 더 자연스럽고, 필기보다 터치가 더 익숙합니다. **디지털 네이티브(Digital Native)**라는 말이 괜히 생긴 것이 아닙니다. 하지만 부모님 세대에게는 이 변화가 어색하고, 때로는 낯설게 느껴질 수 있습니다.

학교는 언제부터 디지털 수업을 시작했을까?

디지털 교육은 갑자기 시작된 것이 아닙니다.

2000년대 중반부터 학교에는 점차적으로 전자칠판, 컴퓨터실, 미디어기기 등이 들어오기 시작했고, 교사 연수도 늘어나며 변화의 기반이 마련되었습니다. 하지만 본격적인 전환점은 2020년 코로나19 팬데믹입니다.

전국의 학교가 일제히 원격 수업으로 전환되며, 학생들은 태블릿이나 노트북을 지급받고 선생님들은 Zoom, EBS, 구글클래스룸 같은 플랫폼을 사용하게 되었고 학부모들은 처음으로 아이의 수업을 온라인으로 지켜보게 되었습니다.

그 이후 디지털 수업은 더 이상 '특별한 경우'가 아니라, 일상적인 수업 방식의 하나로 자리잡게 되었습니다.

요즘은 국어, 수학, 사회 같은 전통적인 교과도 디지털 도구와 함께 진행되고 있으며, 교과서도 디지털 교과서, 발표 자료도 캔바, 생각 나누기도 페들렛을 사용하는 일이 자연스럽게 이루어지고 있습니다.

그렇다면 아이들은 이 디지털 도구들을 언제부터 이렇게 잘 사용할 수 있게 된 걸까요?

답은 간단합니다. "처음부터 두려워하지 않았기 때문"입니다.

아이들은 무엇이든 빠르게 받아들입니다. 처음 접한 앱의 사용법도 직접 눌러보며 익히고, 화면을 넘기며 구조를 파악합니다. 설명서를 보기보다 직접 해보는 방식으로 배우죠. 디지털 기기는 '탐색을 통해 익히는 세계'라는 점에서, 아이들의 놀이 방식과 매우 잘 맞습니다.

특히 1~2학년부터 태블릿을 활용한 수업을 시작한 요즘 아이들은 동영상 보기, 사진 찍어 올리기, 퀴즈 풀기, 발표자료 만들기, AI에게 질문하기와 같은 다양한 활동에 자연스럽게 적응하게 되었습니다.

요즘 3~4학년 아이들은 "어떤 디지털 도구로 수업할지"를 기대하기도 합니다. 도구를 도전처럼 여기고, 그 안에서 자신의 생각을 표현할 수 있게 된 것입니다.

"엄마는 아직 낯설고 불안해요."

"디지털은 좋은데, 너무 빠른 거 아닐까요?"

"아이가 화면만 보니까 집중력이 떨어지는 것 같아요."

"손으로 쓰는 연습은 줄어드는 것 아닌가요?"

이런 걱정을 하시는 부모님이 많습니다.

당연한 마음입니다. 엄마의 눈에는 아이가 '재미있게 노는 것'처럼만 보이기 때문입니다. 하지만 중요한 것은, 디지털 기기를 어떻게, 무엇을 위해 사용하는지에 따라 학습 효과가 크게 달라진다는 사실입니다.

교실에서 디지털 기기는 친구들과 생각을 나누고, 발표할 자료를 만들고, 정보를 검색하고 정리하는 데 사용됩니다. 단순한 '화면 속 소비자'가 아니라, 능동적인 '창작자'와 '탐색자'로 아이들이 성장하는 도구인 것입니다.

현장 교사로서 가장 안타까운 장면 중 하나는, "우리 아이가 요즘 학교에서 뭘 배우는지 모르겠어요.", "그냥 화면만 보고 있으니 불안해서…"라는 말씀을 하시는 엄마들의 표정입니다.

아이들은 빠르게 적응하고, 새로운 도구를 익히며 신나게 배우고 있습니다.
그런데 엄마는 정보도 부족하고, 기술도 낯설어서 한 발짝 뒤에 서 있게 됩니다.
하지만 정말 필요한 것은 기술적인 완벽함이 아닙니다.
"이게 뭐야?"라고 물어보는 용기, "같이 해보자"는 따뜻한 동행입니다.
아이에게는 엄마가 어떤 디지털 툴을 얼마나 잘 아는지가 아니라, 그 관심과 참여가 더 큰 힘이 됩니다.
이제는 엄마도 한 걸음 다가가야 할 때, 이 책을 쓰게 된 이유도 바로 여기에 있습니다.
교실 속 디지털 변화가 낯설게만 느껴지는 엄마들에게, 아이들이 어떻게 배우고 있는지 알려드리고 싶었습니다.
또한 그 변화에 엄마가 어떻게 다가설 수 있는지, 구체적인 방법도 함께 나누고 싶었습니다.
'언제부터 디지털 교실에 익숙해졌을까?'라는 질문은, 어쩌면 이렇게 바뀌어야 할지도 모릅니다.
"엄마는 언제부터 아이의 디지털 교실에 함께하게 될까?"
이 책을 통해 그 시작의 문을 함께 열어 보시길 바랍니다.

2장. 학교 수업은 어떻게 변했을까?

칠판에서 태블릿으로, 수업의 중심이 바뀌다.
"학교 수업이 예전 같지 않아요."
이 말을 듣고 저는 한동안 고민에 빠졌습니다. 예전과 다르다는 것은 나쁜 의미일까요, 아니면 단지 낯설다는 뜻일까요?
수업 방식은 분명 달라졌습니다. 예전에는 교과서를 펼쳐놓고 선생님이 칠판에 적으며 설명하고, 아이들은 받아 적고 듣는 것이 대부분이었습니다. 그런데 이제는 선생님이 태블릿을 연결해 자료를 띄우고, 아이들은 화면을 함께 보며 활동지를 작성하거나, AI에게 질문을 던지거나, 친구들과 생각을 공유합니다.
교사의 일방적인 설명이 아니라, 아이들이 중심이 되는 수업이 된 것입니다. 디지털 도구는 바로 이 변화를 가능하게 했습니다.
아이들이 더 많이 말하고, 더 많이 움직입니다
Padlet(페들렛)을 활용한 수업을 예로 들어보겠습니다. 선생님이 "우리 동네에서 자랑하고 싶은 것"

이라는 주제를 던지면, 아이들은 각자의 태블릿으로 글을 쓰고, 사진을 첨부하고, 친구의 글에 댓글을 답니다. 누가 먼저 손을 들지 않아도, 모든 아이가 동시에 '발표자'가 됩니다.

또한 캔바(Canva)로 만들기 수업을 하면, 아이들은 자신이 발표할 내용을 직접 디자인하고, 목소리를 녹음하고, 동영상을 만들어봅니다. 글쓰기와 말하기의 경계가 사라지고, 표현하는 방식이 다양해진 것입니다.

Zep(젭) 퀴즈처럼 게임 요소가 있는 수업에서는, 학습 내용도 훨씬 더 즐겁고 생생하게 아이들에게 다가갑니다. 정답을 맞히는 것보다, 친구와 협력하고 경쟁하면서 자연스럽게 학습하게 되는 것이죠.

디지털 기기는 수업을 살아 있게 만듭니다.

많은 부모님이 디지털 기기를 걱정하십니다. "화면만 보고 있으면 집중력이 떨어지지 않을까?" "눈이 나빠지는 것 아닐까?"

하지만 실제 교실에서 디지털 기기는 단순한 화면이 아닙니다. 생각을 표현하고, 소통하고, 창작하는 도구입니다.

예를 들어 과학 시간에 AI 디지털교과서를 이용해 화산 분화를 3D 애니메이션으로 보면, 단순히 그림을 보는 것보다 훨씬 더 직관적으로 개념을 이해할 수 있습니다. 아이들의 두 눈과 두 손, 그리고 머리가 동시에 작동합니다. 그 어떤 설명보다 강력한 수업이 되는 순간입니다.

교사도, 아이도 함께 성장하는 수업!

디지털 도구는 교사에게도 새로운 도전이었습니다. 처음엔 낯설었고, 실수도 많았습니다. 하지만 하나둘 시도하다 보니 아이들의 반응이 달라졌습니다. 참여도가 높아지고, 발표를 꺼리던 아이들도 자연스럽게 의견을 내기 시작했습니다.

디지털 수업은 단순한 '형식'의 변화가 아니라, 아이들의 사고력과 표현력을 키우는 구조적 변화입니다. 이제 학교 수업은 더 이상 '듣는 수업'이 아닙니다. 아이들이 묻고, 답하고, 만들어가는 '참여의 수업'으로 바뀌고 있습니다.

3장. 아이가 집에 와서 말하지 않는 이유

"오늘 뭐 배웠어?" "몰라." 이 대화, 하루에도 몇 번씩 반복되지 않으시나요?

엄마는 아이가 학교에서 무엇을 배우는지, 어떤 활동을 했는지 궁금합니다. 그런데 아이는 대답이 없습니다. 아니면 "재미없었어", "기억 안 나"라고 얼버무립니다. 정말 아무것도 안 한 걸까요?
그렇지 않습니다. 아이는 말하지 않는 것이지, 모르는 것이 아닙니다. 그 속엔 여러 가지 이유가 숨어 있습니다.

디지털 수업은 설명하기 어려운 '경험'입니다

요즘 수업은 단순히 '무엇을 배웠다'고 설명하기 어려운 방식이 많습니다. 아이가 만든 캔바 발표자료, 친구들과 페들렛에 올린 글, AI에게 질문한 내용, Zep 퀴즈에서 맞힌 문제 등은 '경험' 중심의 활동입니다.

하지만 초등학생은 그 경험을 언어로 정리해 말하는 데 익숙하지 않습니다. "오늘 캔바로 이런 걸 만들었어!"라고 말하는 대신, 그냥 "몰라"라고 하는 것이 편한 거죠.

피곤해서, 혹은 말하는 습관이 없어서 학교에서 하루 종일 다양한 디지털 활동을 하고 나면 아이는 피곤할 수 있습니다. 화면을 집중해서 보거나, 협업 활동에 참여하며 에너지를 많이 씁니다. 집에 와서는 그냥 조용히 쉬고 싶어 하는 경우도 많습니다.

또 하나의 이유는 '말하는 습관'이 길러지지 않았기 때문입니다. 요즘은 가족 간의 대화 시간이 줄어들고, 질문보다는 지시가 오가는 경우가 많습니다. 아이가 학교 이야기를 잘 안 한다면, 그것은 '표현의 능력'보다는 '표현의 기회' 부족일 수 있습니다.

아이의 하루를 듣기 위한 엄마의 기술!

아이의 말을 끌어내기 위해서는 질문의 방식이 달라져야 합니다. "오늘 뭐 배웠어?"보다는 "오늘 캔바 했어?", "페들렛에 무슨 글 올렸어?", "AI가 뭐라고 했어?" 처럼 구체적인 디지털 활동을 짚어서 물어보는 것이 좋습니다.

또한 아이가 만든 자료를 함께 보며 "이 부분은 네 생각이야?", "이건 어떻게 만든 거야?"라고 물으면, 아이는 더 자연스럽게 자신이 한 활동을 설명하게 됩니다.

'질문하는 엄마'가 되는 것이 바로 디지털 교실을 이해하는 첫걸음입니다.

4장. 엄마가 알아야 할 디지털 교실의 언어들

새로운 수업, 새로운 용어들!

"엄마, 오늘 나 페들렛에 글 썼어."

"선생님이 캔바로 만들기 숙제 내주셨어."

"GPT가 대답이 좀 이상했어."

요즘 아이들의 말이 낯설게 들리는 이유는, 수업에서 사용하는 디지털 도구의 언어가 부모 세대와 다르기 때문입니다. 교실은 빠르게 변화하고 있고, 그 속에서 아이들은 새로운 언어를 배우고 사용하고 있습니다.

디지털 도구 = 아이들의 학습 언어!

Padlet, Canva, ChatGPT, 띵커벨, Zep… 이 낯선 단어들은 아이들에게는 학습의 기본 도구입니다. 그리고 이 도구들은 단순한 앱이나 프로그램이 아니라, 수업의 '형식'을 바꾸고 '사고 방식'을 바꾸는 힘을 가지고 있습니다.

이제는 엄마도 이 새로운 언어에 익숙해질 필요가 있습니다. 완벽하게 다룰 필요는 없지만, "아, 이게 어떤 거구나" 하는 이해만 있어도 아이와의 대화가 훨씬 풍성해집니다.

예를 들어 아이가 "캔바로 발표자료 만들었어"라고 말했을 때, "캔바가 뭐야?"라고 묻는 대신, "오, 어떤 디자인으로 했어?"라고 물어보는 것만으로도 아이는 훨씬 편안하게 대답할 수 있습니다.

디지털 교실의 언어는 공감과 관심입니다

엄마가 새로운 도구의 이름을 하나라도 기억하고, 아이가 말할 때 "그거 우리 예전에 했던 거지?"라고 반응해주는 것만으로도 아이는 엄마가 내 세계를 이해해주고 있구나 하고 느낍니다.

디지털 교실의 언어는 결국 도구의 이름이 아니라, 아이의 생각을 함께 나누는 방식입니다. 아이와의 대화를 이어주는 다리가 되어줄 그 언어들, 이제 엄마도 하나씩 배워보지 않으시겠어요?

차례

2 생각을 쉽게 표현하는 디자인 도구, 캔바(Canva)/40

1

함께 생각을 나누는 보드,
패들렛(Padlet)

디지털 교실에서 선생님은 아이들의 '마음속 말'을 듣기 위해 '페들렛'이라는 도구를 자주 사용합니다. 페들렛은 온라인 벽에 포스트잇을 붙이듯 생각을 나누는 협업 게시판입니다. 페들렛을 사용하면 모든 아이들이 자신을 표현할 수 있습니다. 그리고 다른 친구들의 생각을 공유하며 더 깊이 있게 공부할 수 있습니다.

Padlet(패들렛)은 어떤 도구인가요?

패들렛(Padlet)은 온라인에서 생각과 자료를 손쉽게 공유할 수 있는 디지털 협업 도구입니다. 하나의 가상 게시판을 만들면 학생들은 글, 사진, 동영상, 링크, 파일 등을 자유롭게 올릴 수 있으며, 서로의 의견에 댓글이나 '좋아요'를 남기며 소통할 수 있습니다. 교사는 이를 활용해 토론 주제를 제시하거나 아이디어를 수집하고, 학습 결과물을 정리하여 한눈에 확인할 수 있습니다. 특히 발표가 서툰 학생도 글이나 그림으로 의견을 표현할 수 있어 모두가 참여할 수 있는 수업 환경을 만들어 줍니다. 또, 게시판의 디자인과 배치를 자유롭게 설정할 수 있어 다양한 학습 상황에 맞게 적용 가능합니다. 패들렛은 학생들의 창의적 표현을 끌어내고, 협력적인 학습 분위기를 형성하는 데 효과적인 도구로 많은 학교 수업에서 활용되고 있습니다.

패들렛 접속화면

페들렛 작성화면

교실에서는 이렇게 활용해요!

패들렛 가입하기

패들렛(Padlet)은 무료 버전으로도 3개의 패들렛 생성, 파일 업로드 20MB 등 기본 레이아웃 및 템플릿 사용이 가능합니다.

❶ 시작화면 우측 상단에 가입화면 누르기

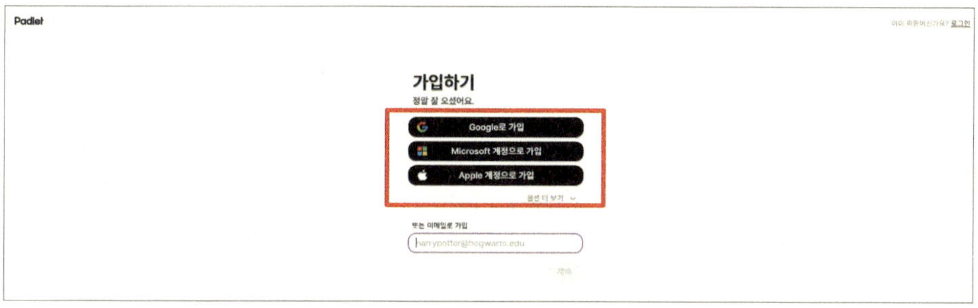

❷ 가입할 조건 고르기

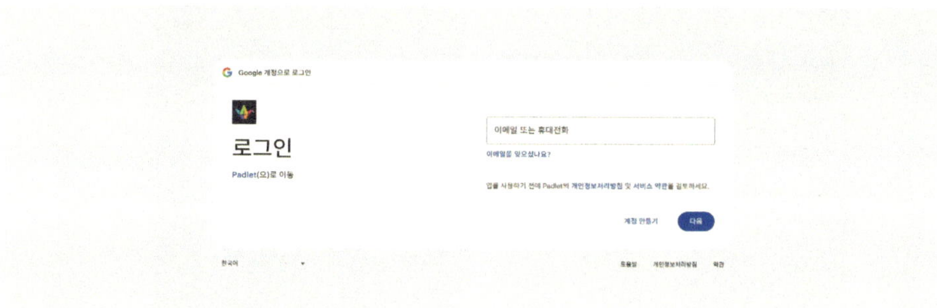

❸ 구글 계정 입력 후 가입하기

교실에서는 이렇게 활용해요!

국어 시간- 내가 좋아하는 동물 적기

학생들은 자신이 좋아하는 동물과 이유를 적어 패들렛에 게시합니다. 학생들은 다른 친구들의 생각을 한눈에 살펴볼 수 있어 서로의 생각에 대한 이해의 폭을 넓힐 수 있습니다.

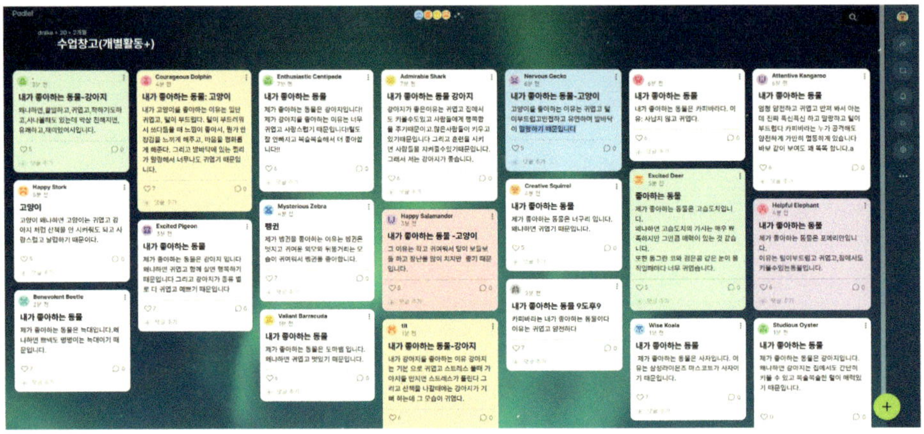

통합 교과- 우리 동네 자랑하기 사진과 함께 게시하기

학생들은 자신이 소개할 내용을 사진과 함께 게시합니다. 사진을 활용하면 글을 읽는 다른 사람의 이해도가 높아집니다. 사진뿐만 아니라 동영상, 링크 등을 함께 게시할 수 있습니다.

과학 시간- 실험 후 관찰 결과 정리하고 공유하기(댓글 달기)

학생들은 과학 실험을 한 후 실험 결과를 페들렛에 정리합니다. 학생들은 다른 친구의 글에 댓글을 달 수 있습니다. 댓글을 달면서 공감, 칭찬, 다른 의견 등을 제시합니다. 교사는 학생들의 댓글을 보며 실험 결과 및 학생들의 생각을 점검합니다.

사회 시간- 인권과 관련된 인물과 가상 인터뷰하기

학생들은 다양한 형태로 학습 결과물을 만들 수 있습니다. 인터뷰, 일기, 편지, 표어 등 다양한 형식으로 게시물을 만들어 공유할 수 있습니다.

패들렛 기본 기능 익히기

패들렛 홈 화면 알아보기

패들렛 홈 화면

메뉴	설명
최근	최근에 접속한 패들렛의 목록을 보여줍니다.
내가 만든	내가 만든 패들렛의 목록을 보여줍니다.
휴지통	휴지통에 보관된 패들렛의 목록을 보여줍니다.
즐겨찾기	즐겨찾기를 표시한 페들렛의 목록을 보여줍니다.
플랜 보기	유료 요금제 목록을 보여줍니다.

패들렛 만들기 화면 알아보기

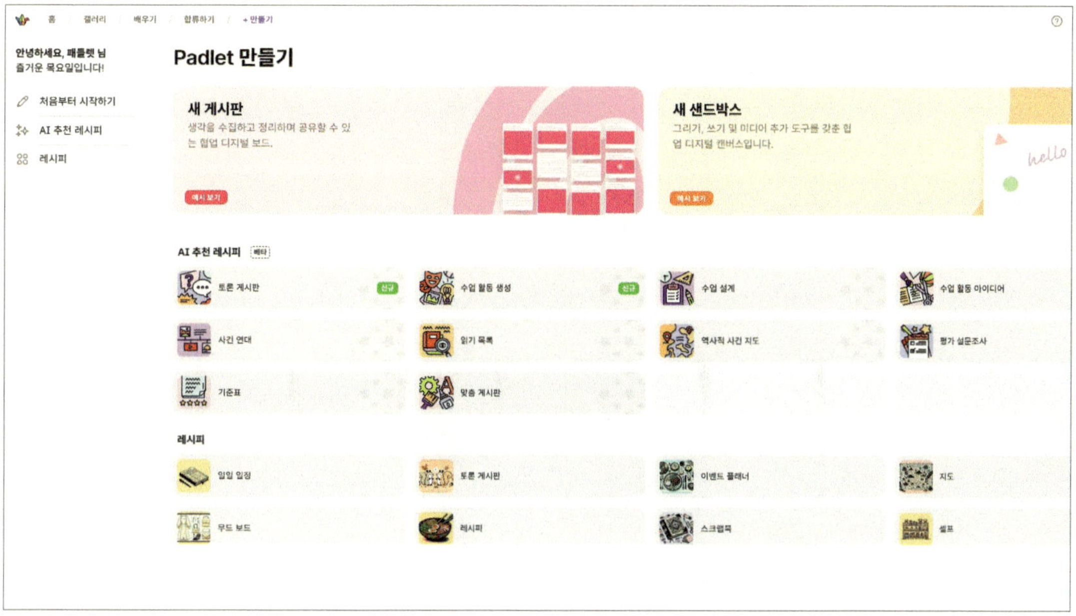

패들렛 만들기 화면

'새 게시판'은 패들렛의 기본 보드이며 '새 샌드박스'는 협업 기능이 강화된 보드입니다.

패들렛 '새 게시판' 상세 화면 알아보기

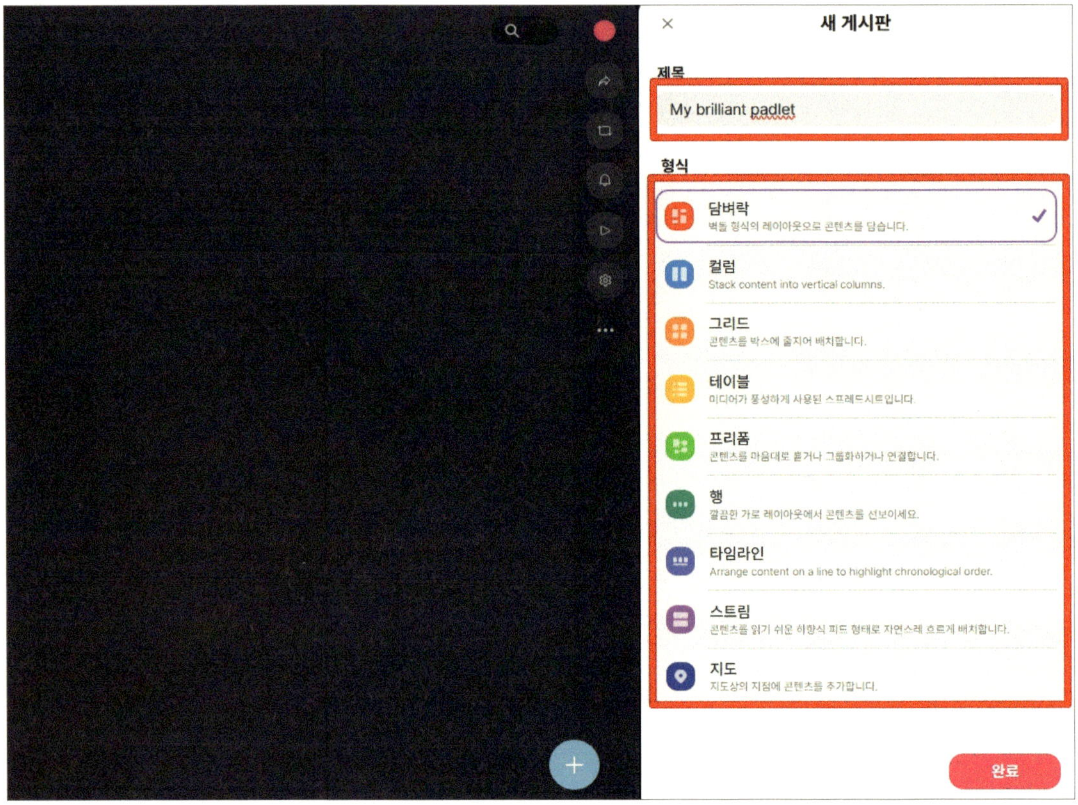

패들렛 새 게시판 상세 화면

새 게시판을 클릭하면 게시판을 만들 수 있습니다. 게시판의 제목과 형식을 필요에 맞게 선택하여 작성할 수 있습니다.

패들렛 설정화면 알아보기

패들렛 새 게시판 상세 화면

메뉴	설명
공유 패널 열기	링크복사, 이미지로 저장 등 공유 방법이 제시되어 있습니다.
이 Padlet 복제	패들릿을 복제할 수 있습니다.
활동 패널 열기	활동하고 있는 목록을 보여줍니다.
슬라이드쇼 열기	패들렛을 슬라이드 쇼로 보여줍니다.
Padlet 설정 열기	디자인, 레이아웃, 댓글 허용 등 세부 설정을 할 수 있습니다.

가족 여행에서 가장 기억에 남는 순간은?

가족 여행에서 찍은 사진과 함께 글쓰기

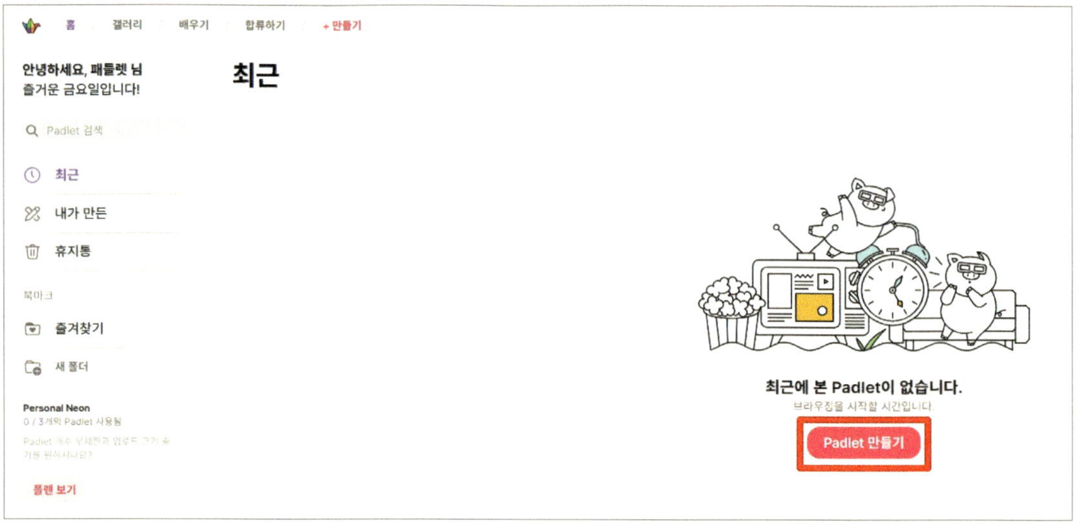

만들기-Padlet 만들기

새 게시판 만들기

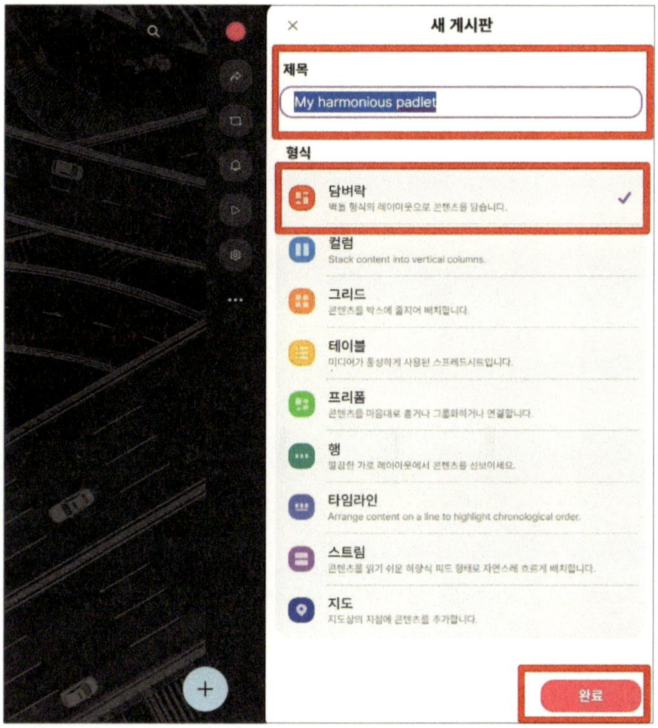

제목(생략 가능)-담벼락-완료

게시물 추가

게시된 글과 사진 확인

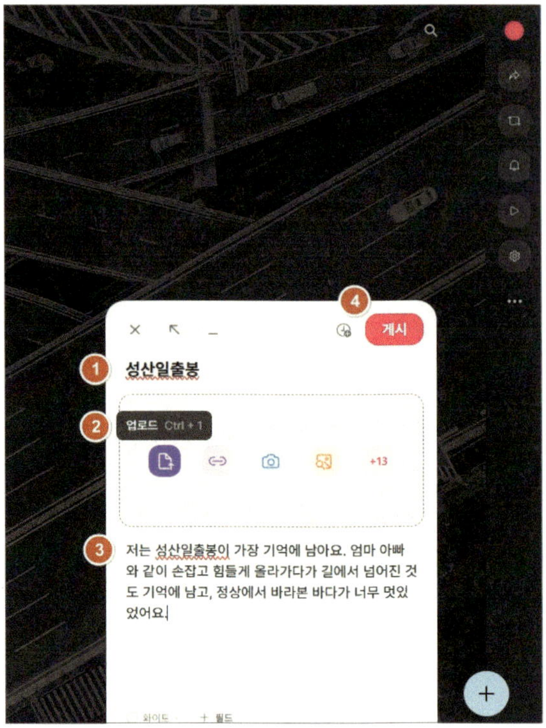

제목-사진 업로드-내용 입력 후 '게시'

엄마에게 전하는 한 줄 팁

사진을 업로드할 때 아이들에게 사진이 나의(핸드폰, 컴퓨터 등) 기기에 저장된 위치를 확인시키고, 저장되어 있던 사진이 인터넷상의 가상 저장공간에 저장된다는 것을 설명하며 활동하면 디지털 기본교육과 연계하여 더 알찬 활동이 됩니다.

다음에 가고 싶은 가족 여행지는?

가고 싶은 가족 여행지 표시하고 이유 말하기

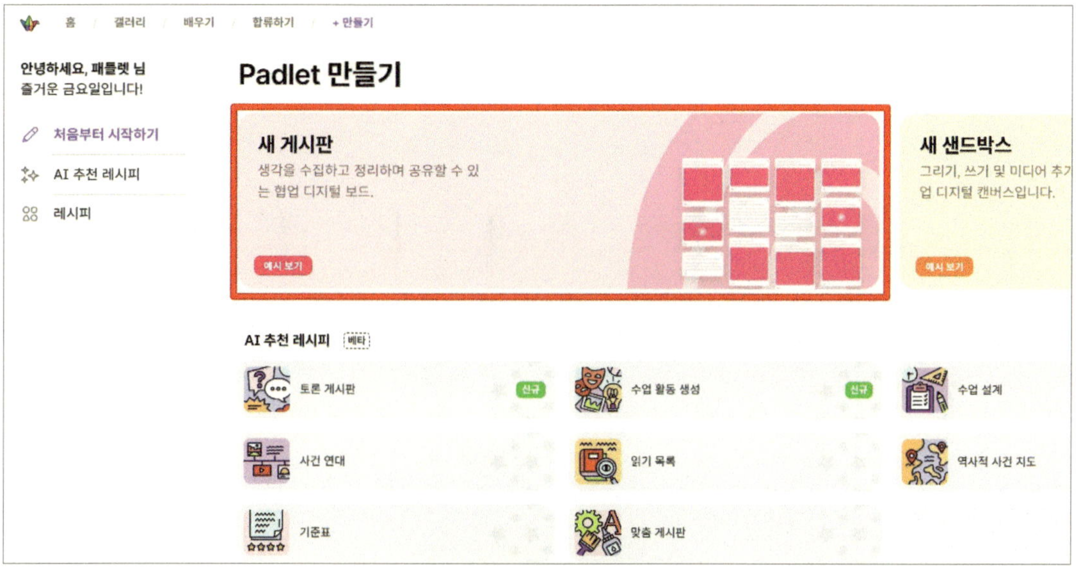

새 게시판 만들기

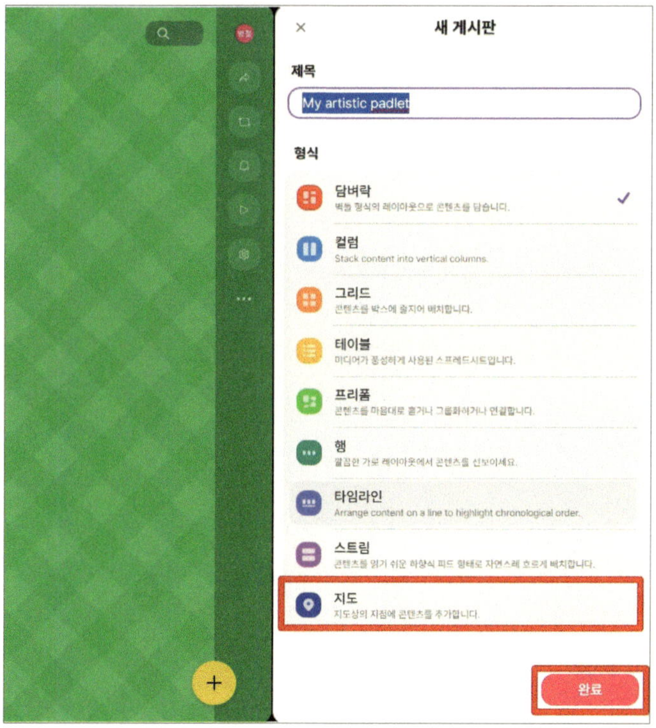

'지도' 선택-완료

게시물 추가

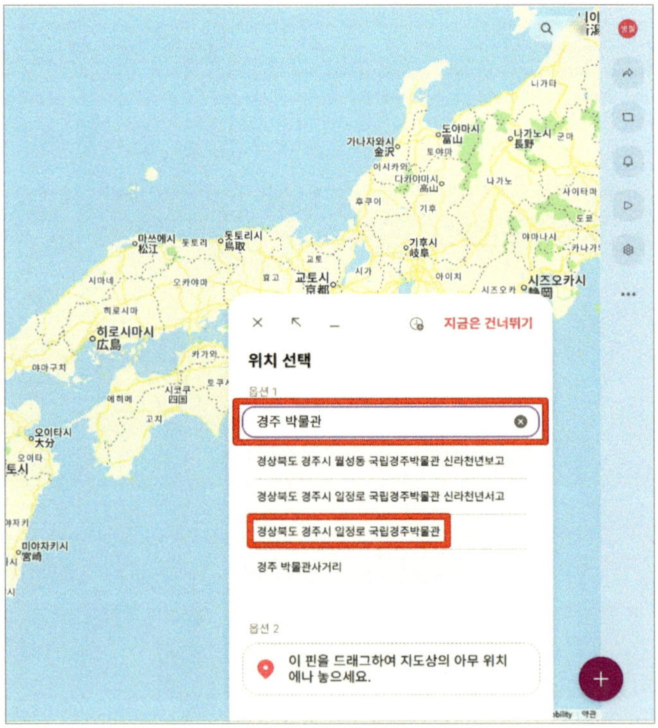

'위치' 직접 입력 및 주소 선택

게시된 글을 지도에서 확인

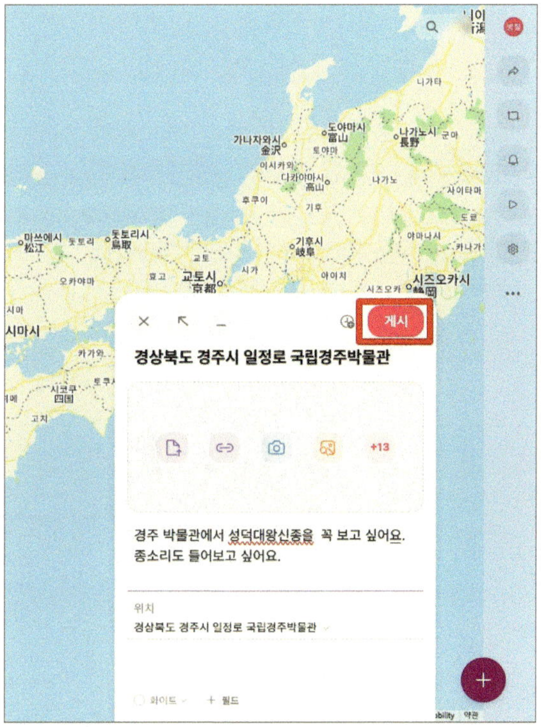

제목-사진 업로드-내용 입력 후 '게시'

엄마에게 전하는 한 줄 팁

가족들이 가고 싶은 여행지를 지도에 표시하면서 아이들의 위치감각을 길러 줄 수 있습니다. 우리나라에서 시작해서 해외로 영역을 넓혀가는 것도 좋은 방법입니다. 또한 '공유하기'를 통해 다른 가족들과 공유하며 가족끼리 더 많은 대화의 기회를 가질 수 있습니다.

나의 장점 10가지 쓰고 댓글 달기

자신의 장점 10가지 쓰고 가족들이 댓글 달기

새 게시판 만들기

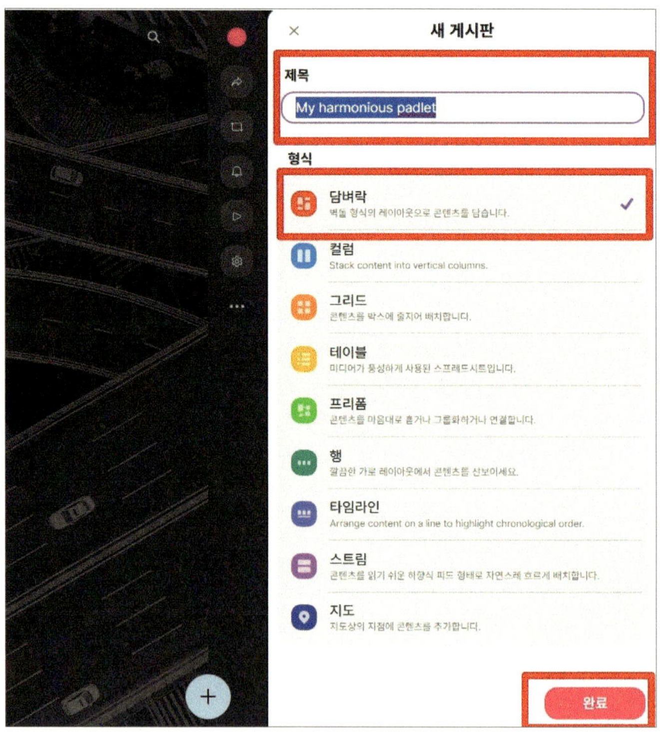

제목(생략 가능)-담벼락-완료

게시물 추가

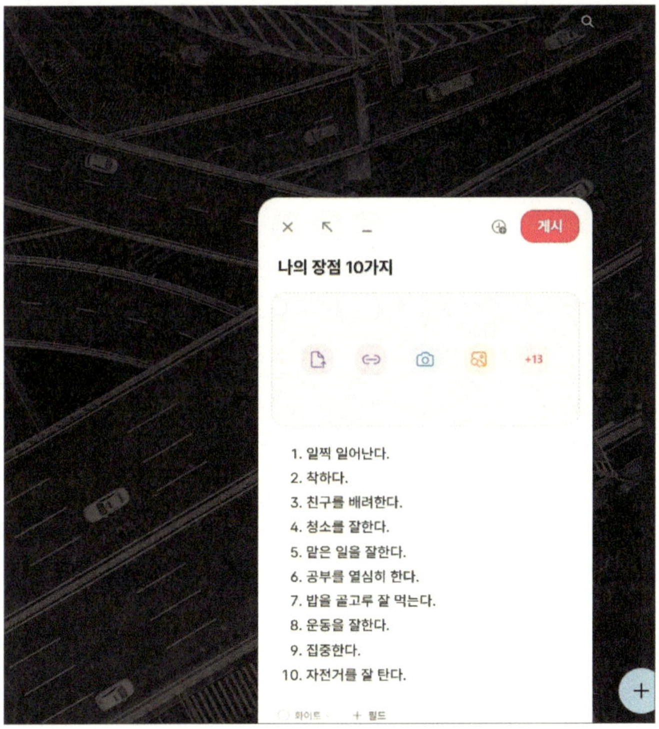

나의 장점 10가지 쓰고 게시하기

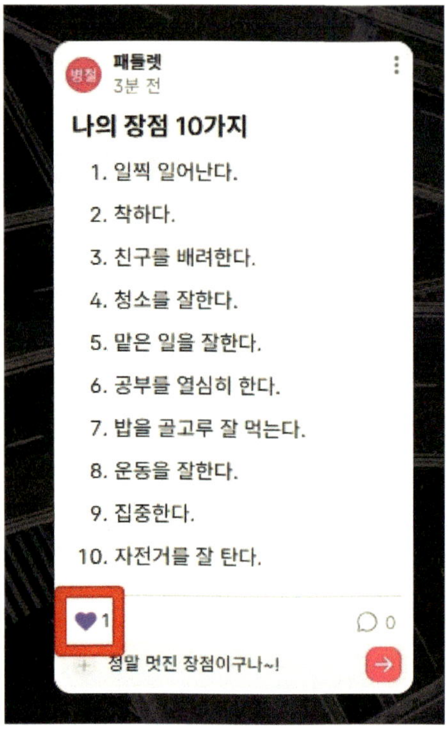

반응하기

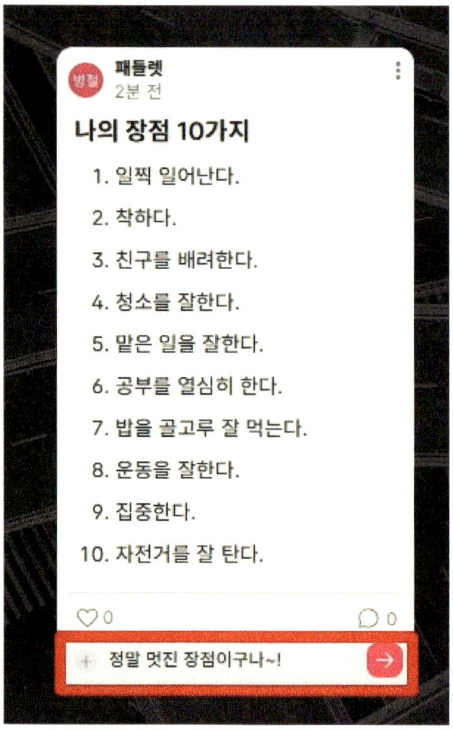

댓글 달기

엄마에게 전하는 한 줄 팁

자신의 장점을 찾아보는 것은 자존감을 높이는 방법이며 진로 교육과도 연계할 수 있습니다. 10개 보다 더 많이 쓸 수 있으면 더 좋습니다. 부모님이 댓글을 달아 주면서 구체적인 지지와 격려를 해 준다면 아이들은 더욱 신나게 활동할 수 있을 것입니다.

가족과 함께 우리 집 연대표 만들기

우리 집 연대표 만들고 댓글 달기

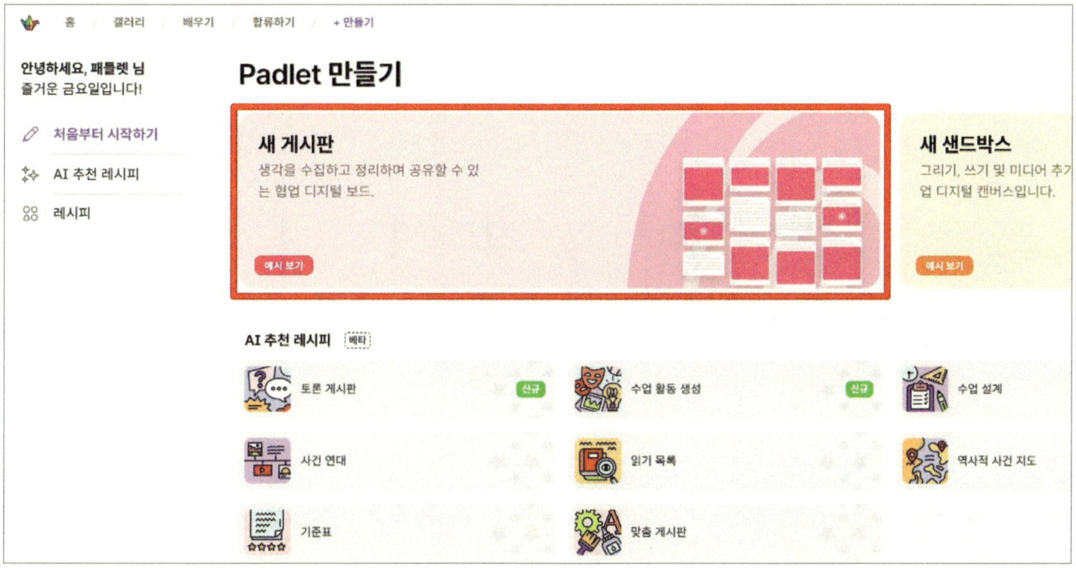

새 게시판 만들기

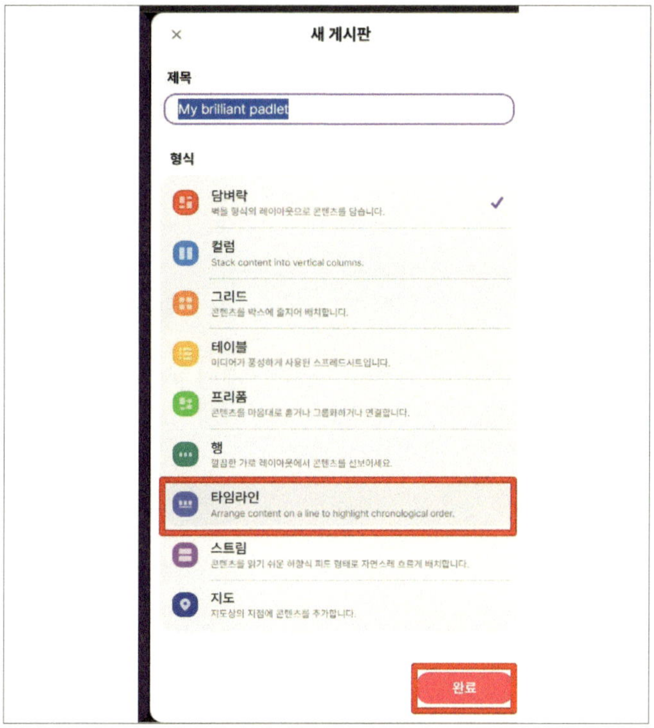

타임라인-완료

게시물 추가

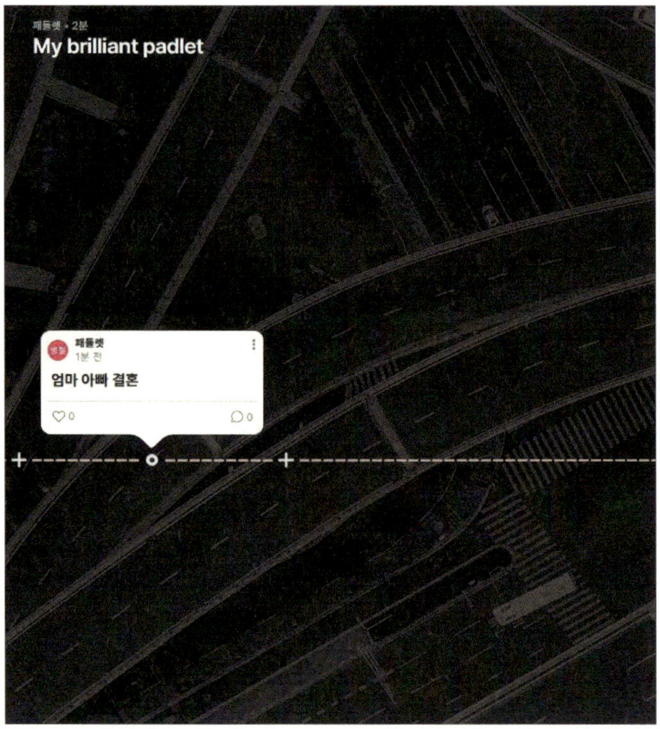

첫 번째 사건 게시

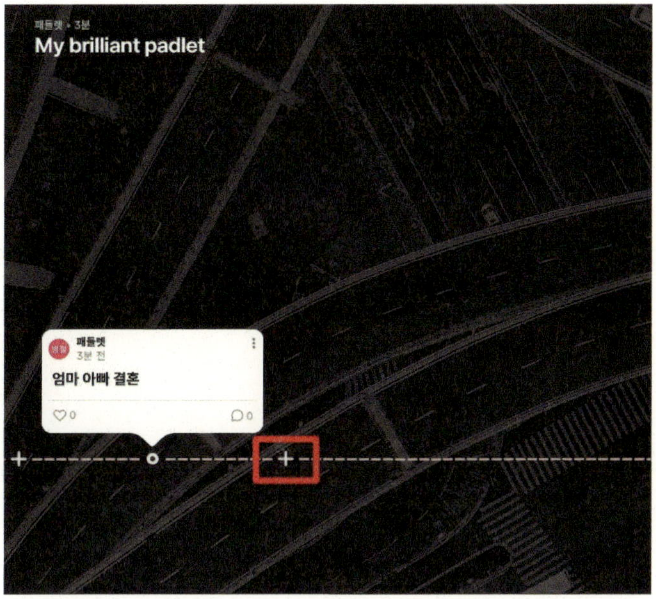

'+'를 눌러 사건 추가

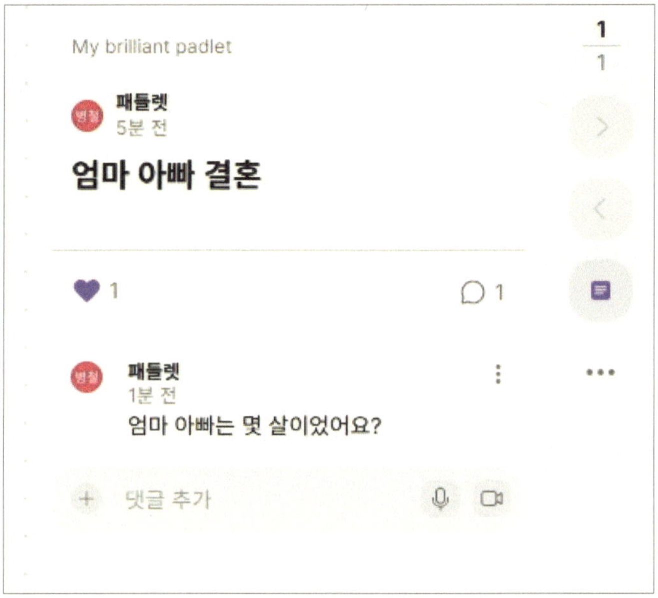

댓글 달기, 반응하기

엄마에게 전하는 한 줄 팁

링크를 공유하여 모든 가족들이 동시에 작업하고 결과물을 함께 감상하는 것도 좋은 방법입니다. 아이들이 협업의 의미와 방법을 경험하게 하는 좋은 교육 활동이 될 수 있습니다.

2

생각을 쉽게 표현하는 디자인 도구, 캔바(Canva)

캔바로 쉽게 생각을 표현하고 디자인을 만들 수 있어요

캔바는 포스터, 발표자료, 영상 등 다양한 디자인을 손쉽게 만들 수 있는 도구입니다. 미리 만들어진 템플릿을 활용하거나 나만의 스타일로 자유롭게 표현할 수 있어요. 학생 발표 자료 만들기나 수업 학습지 제작에 유용합니다.

Canva(캔바)는 어떤 도구인가요?

Canva(캔바)는 누구나 쉽게 사용할 수 있는 온라인 그래픽 디자인 도구입니다. 복잡한 프로그램을 배우지 않아도 포스터, 발표 자료, 카드, SNS 이미지, 영상 등을 간편하게 만들 수 있도록 도와줍니다. 다양한 디자인 템플릿이 준비되어 있어 처음부터 디자인을 만들 필요 없이 원하는 형식을 선택해 내용을 바꾸기만 하면 됩니다. 글씨나 그림, 도형 등을 마우스로 끌어다 놓는 방식으로 쉽게 편집할 수 있습니다. 컴퓨터는 물론 스마트폰이나 태블릿에서도 사용이 가능해 장소에 관계없이 디자인 작업을 이어갈 수 있다는 점도 큰 장점입니다. 회원가입만 하면 기본 기능은 무료로 이용할 수 있으며, 더 많은 자료와 기능이 필요한 경우 유료 버전도 선택할 수 있습니다.

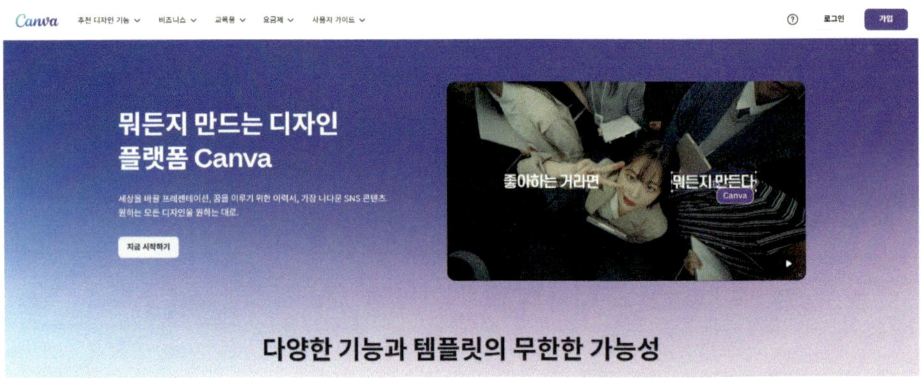

캔바 접속화면

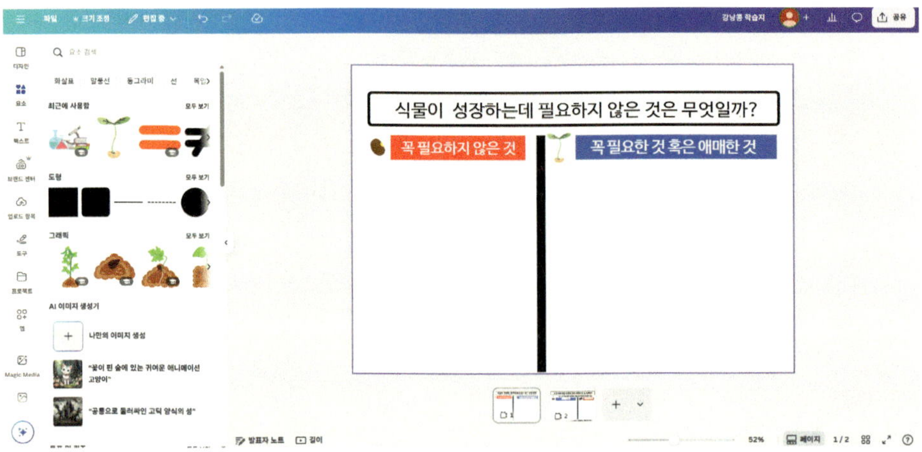

캔바 디자인 문서 작성화면

캔바 무료 버전은 기본 템플릿과 디자인 도구만 사용할 수 있지만, 일상적인 작업에는 충분합니다. 유료(Pro) 버전은 배경 제거, 프리미엄 템플릿, 고화질 저장 등 더 많은 기능을 제공해 전문적인 디자인 작업이 가능합니다. 단, 교사와 학생(교사 승인 필요)은 교육용 계정을 신청하면 유료 기능을 무료로 사용할 수 있어요.

교실에서는 이렇게 활용해요!

캔바 교육용 회원제 가입하기(교사용)

캔바의 교사용(교육용) 계정은 일반 계정과 달리 선생님을 위한 특별한 기능들이 무료로 제공된다는 장점이 있습니다.

항목	설명
무료 프리미엄 기능	일반 유료 기능(프리미엄 이미지, 폰트, 배경 제거, AI기능 등)을 교사용 계정은 무료로 사용 가능
수업에 특화된 도구	학습지, 발표자료, 평가자료, 과제 템플릿 등 수업 준비에 바로 쓸 수 있는 자료를 제공
학생 초대 기능	학생을 팀에 초대해 협동 활동 가능선생님이 학생 작업물을 확인하고 피드백 줄 수 있음
클래스룸 기능 연동	Google Classroom, Microsoft Teams 등과 연동되어 온라인 수업 자료 공유가 편리함

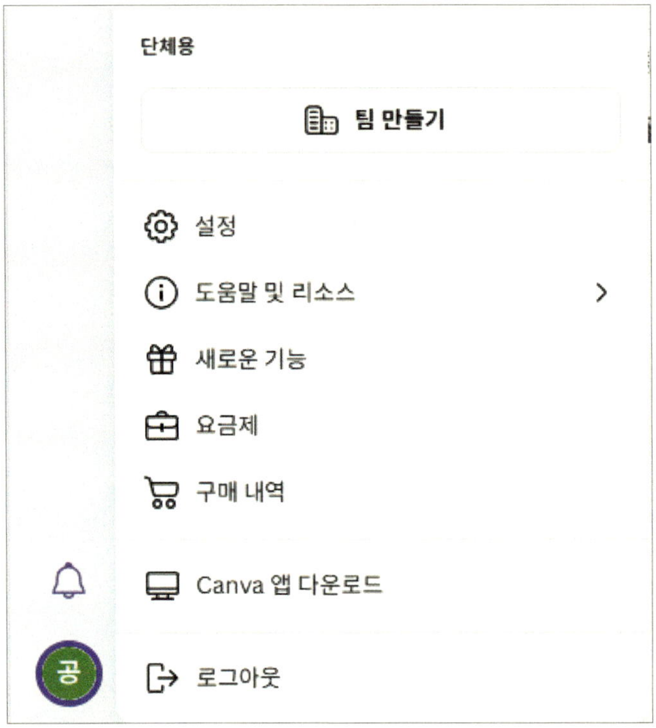

1. 좌측하단 아이디 클릭 후 요금제 선택

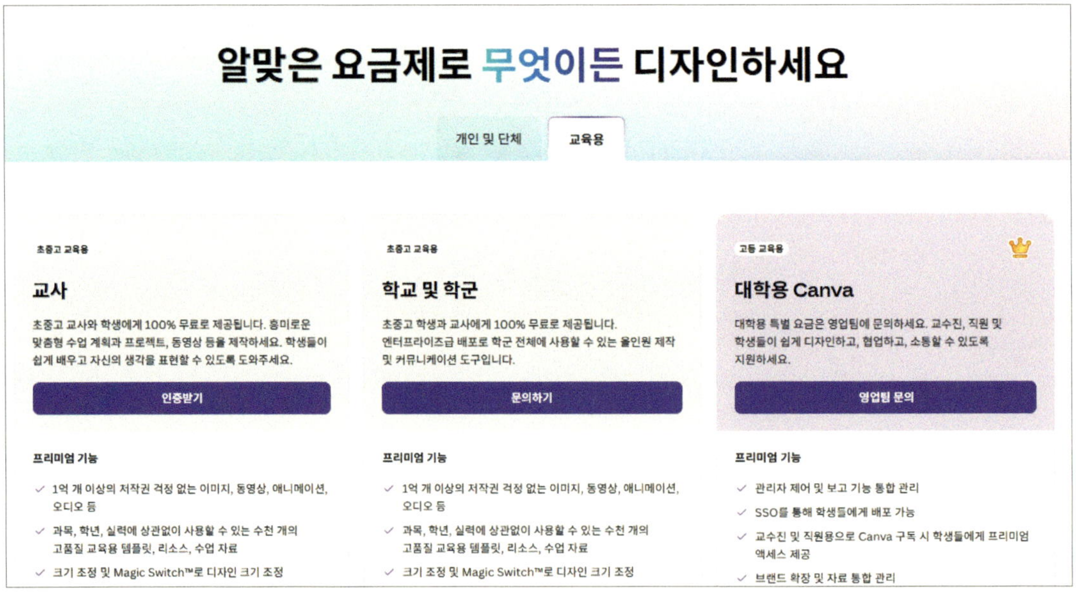

2. 요금제 중 교사 요금제 선택

3. 학교 이메일 입력 혹은 없음 선택 후 계속 클릭

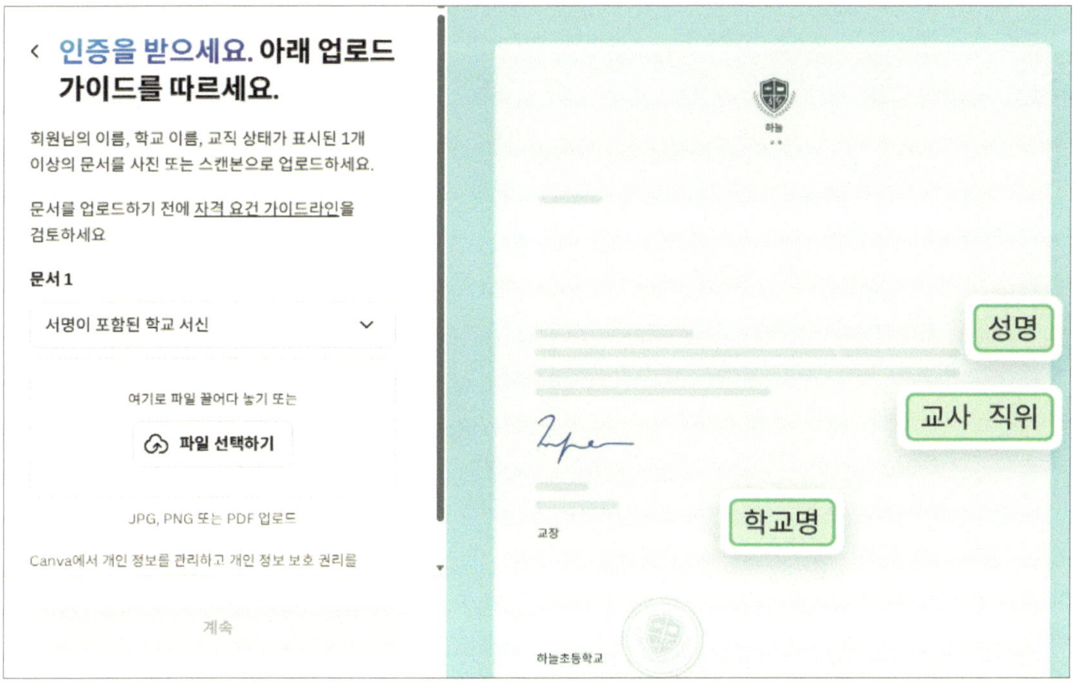

4. 재직증명서 업로드 후 계속 선택

학생 초대하기

학생 초대를 하면 학생들도 유료기능을 사용할 수 있습니다. 교육용 계정으로 초대된 학생은 개인 정보 보호 기준에 따라 안전하게 보호받습니다.

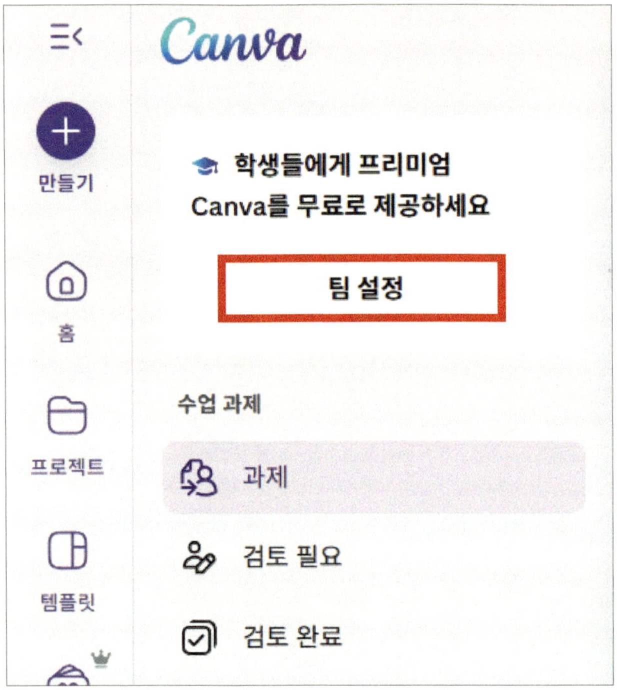

수업과제 선택 후 왼쪽 상단의 팀설정 클릭

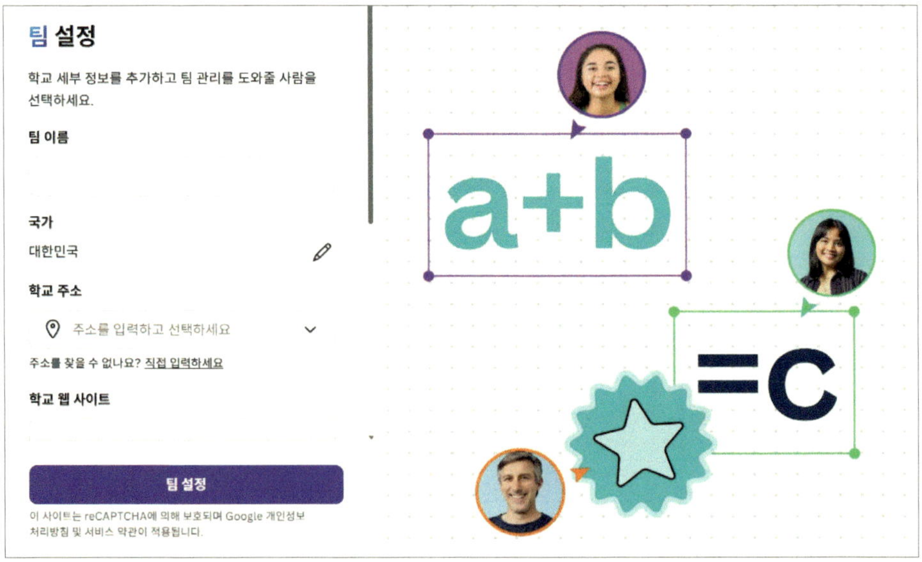

팀설정(학급정보) 입력

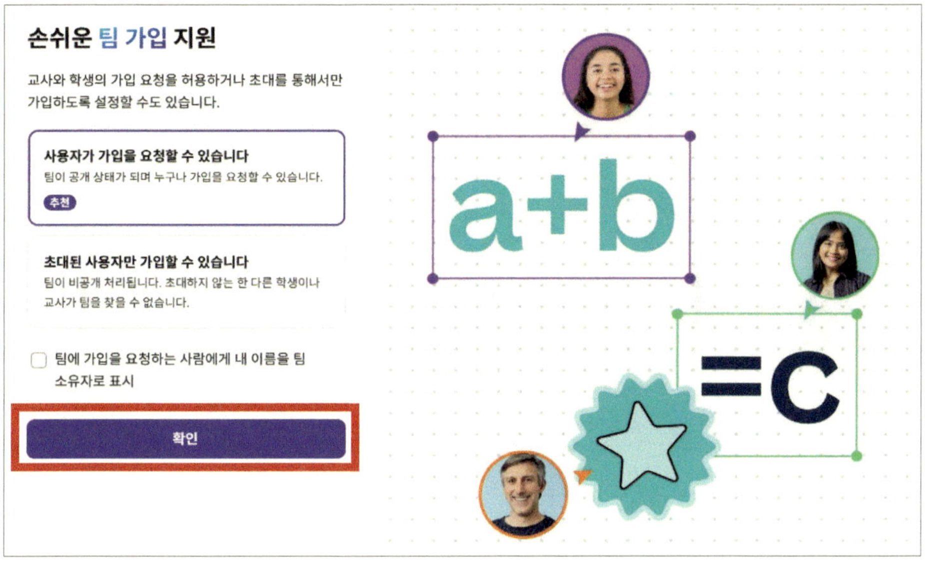

가입 방법 선택 후 확인

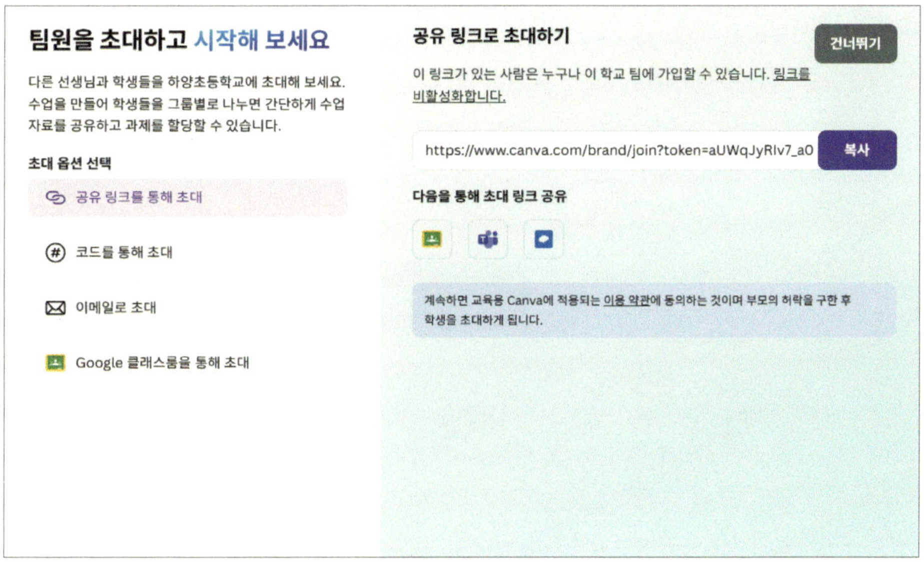

공유링크, 코드, 클래스룸 등을 통한 학생 초대

학생에게 과제 배정하기

학생 과제 배정기능활 활용하면 과제 제출, 수정, 확인 등을 캔바 안에서 바로 처리할 수 있어 과제 관리가 쉽습니다. 직접 만든 템플릿으로 학생 수준에 따른 과제를 제시할 수 있습니다.

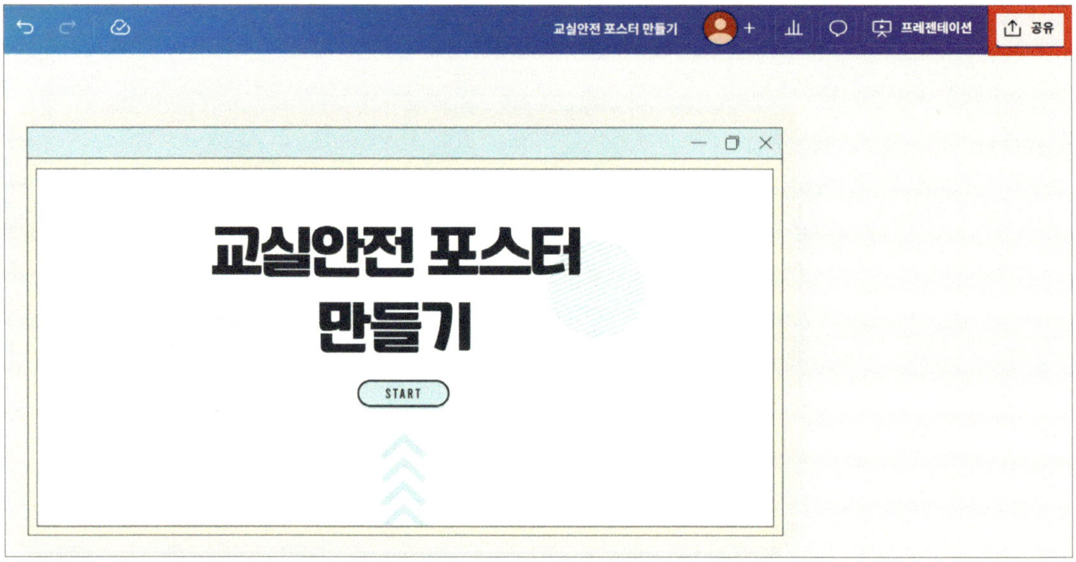

만들기에서 과제 생성 후 공유 선택

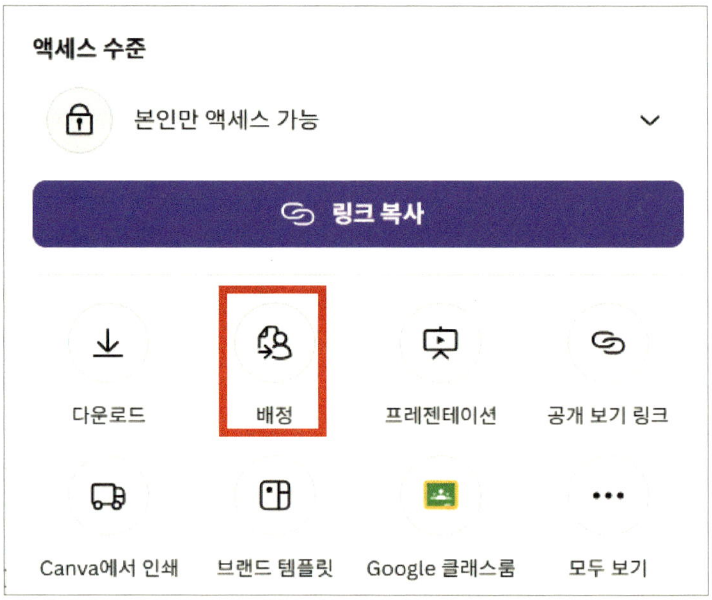

배정 클릭

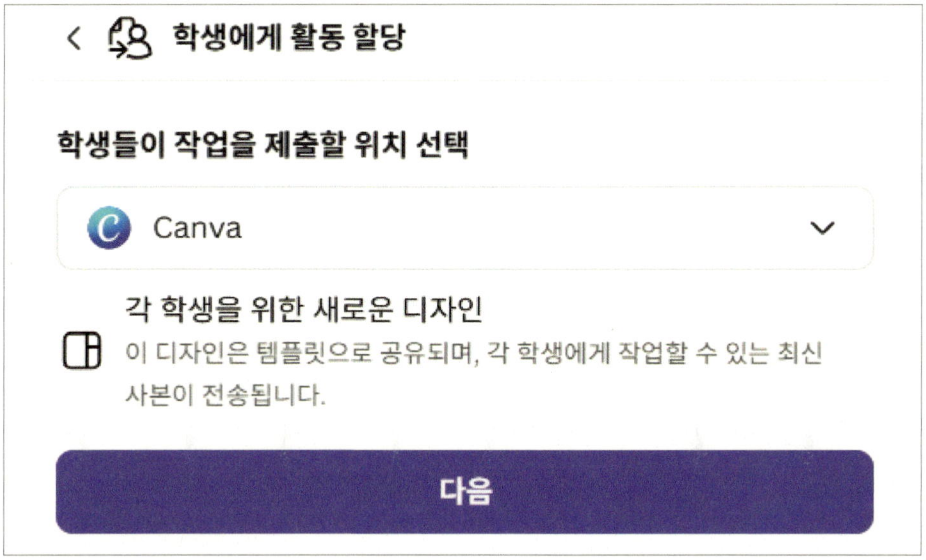

제출할 위치 선택 후 다음

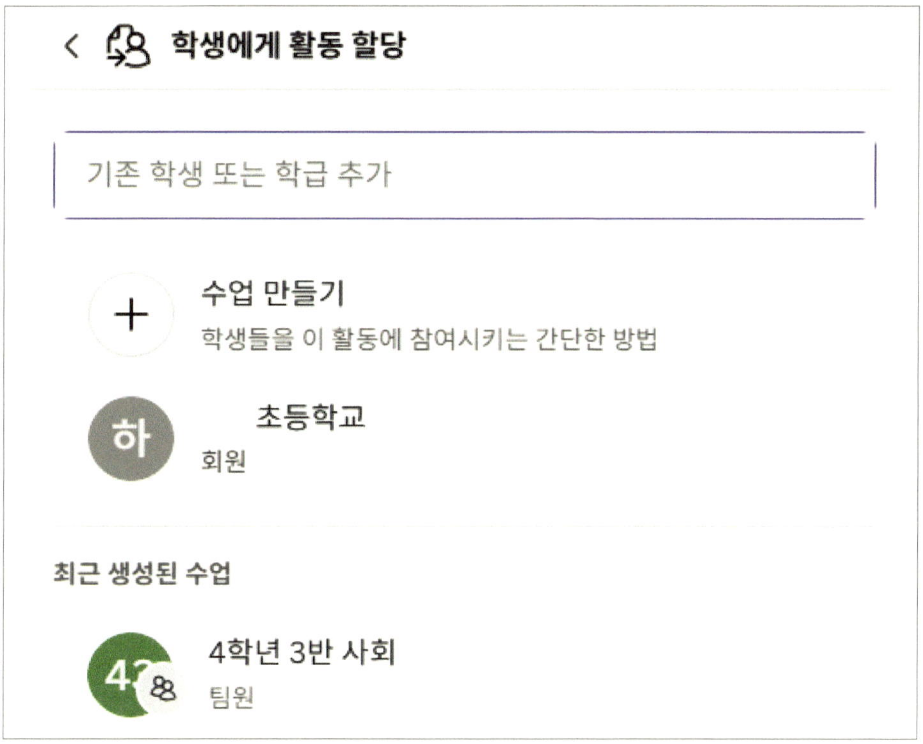

생성된 팀이나 수업을 선택하여 과제 배정

국어 시간

다양한 글쓰기 결과물을 디자인으로 표현할 수 있으며 모든 영역에서 연계가 가능합니다.

국어 시간은 학생들이 자신의 생각을 글과 이미지로 창의적으로 담아낼 수 있어, 캔바를 활용하기에 아주 적절합니다.

영역	활동 내용	캔바 활용 활동 예시
듣기·말하기	자신의 생각과 느낌을 표현하기 듣기·말하기 과정에서의 문제 해결 위해 적절한 전략을 사용하기	◯ 자기소개 포스터 제작 후 발표 ◯ 토론 주제 발표자료 만들기
읽기	글의 내용과 구조를 파악하고, 비판적·창의적으로 읽기	◯ 책 내용 요약 카드뉴스 만들기 ◯ 등장인물 4컷 만화 및 포스터
쓰기	생각, 경험, 주장, 정보를 조리 있게 표현하기	◯ OO하는 글쓰기
문법	낱말과 문장의 구성, 언어의 규칙 이해하기	◯ 띄어쓰기 규칙 설명 카드 만들기 ◯ 헷갈리는 말 모음 카드만들기
문학	문학 작품을 감상하고 공감하며 창의적으로 표현하기	◯ 나만의 책 만들기 ◯ 이야기 재구성 만화 만들기
매체	인터넷 자료 탐색·선택하기 매체 자료의 신뢰성 공정성평가하기	◯ 인터넷 윤리 포스터 제작하기

캔바 국어수업 활용 팁

과제를 만들 때 Magic Write 기능을 활용하면 글쓰기 양식을 쉽게 만들 수 있습니다.

OOO 양식 쓴 후 MagicWrite 클릭

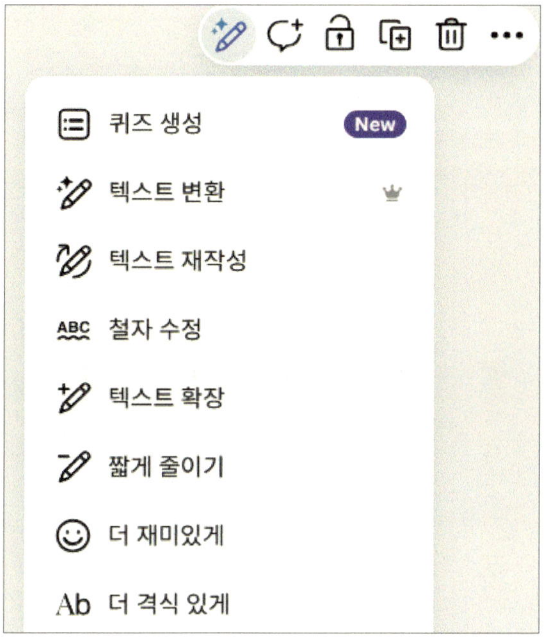

텍스트 변환 선택

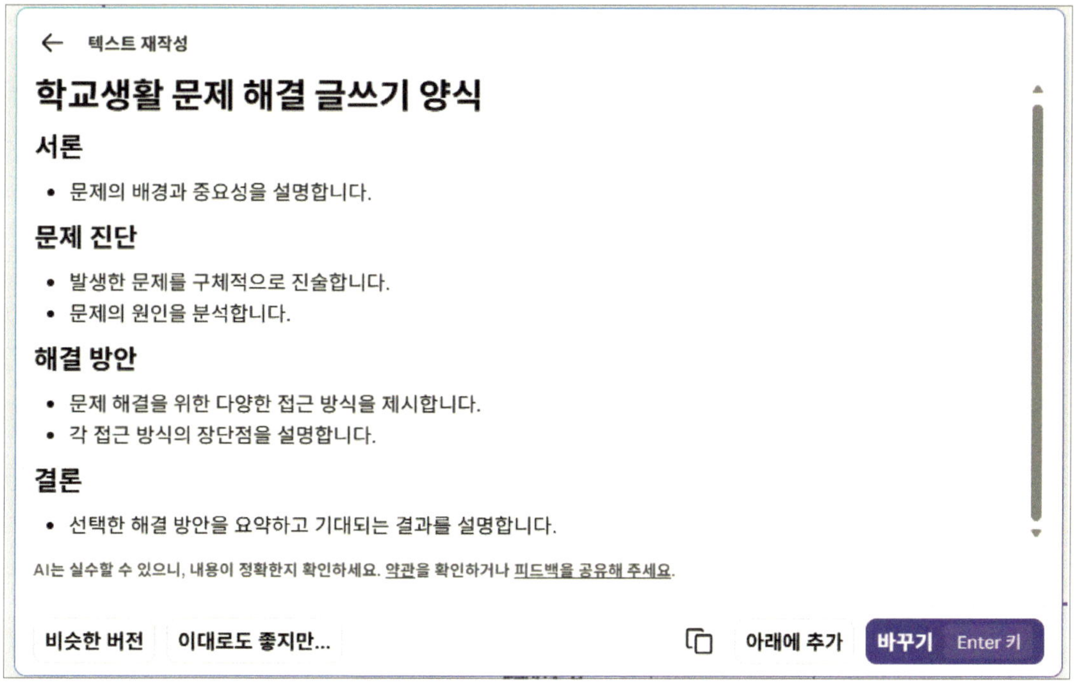

완성된 양식을 바꾸기하여 추가한 후 학생 과제 제시

사회시간

사회수업에서 캔바를 사용하면 학생들이 지식만 습득하는 것이 아니라 복잡한 사회 개념(법, 경제, 지리 정보 등)을 그림, 도표, 지도로 시각화하며 쉽게 이해 가능하며 실생활과 연결할 수 있게 도와줍니다.

사회 영역	주요 학습 내용	캔바 활용 활동 예시
지리	우리 고장, 지역 환경, 세계 여러 나라 등	◯ 우리 고장 안내 브로셔 ◯ 세계 나라 소개 카드
역사	역사적 인물, 사건, 문화유산 등	◯ 역사 인물 소개 포스터 ◯ 문화유산 설명 카드
일반사회	공동체 생활, 법과 질서, 경제 활동, 민주주의 등	◯ 학교 규칙 캠페인 포스터 ◯ 용돈 관리 리플렛

캔바 사회수업 활용 팁

과제를 할 때 캔바 화이트보드 기능을 활용하면 학생들의 생각, 의견, 조사 결과를 화이트보드 위에 마인드맵, 표, 포스트잇 형식으로 자유롭게 정리가 가능합니다. 소주제(예: 역사 인물 평가, 지역 개발 찬반 등)를 두고 학생 의견을 분류 · 비교 · 조정하며 학습할 수 있습니다.

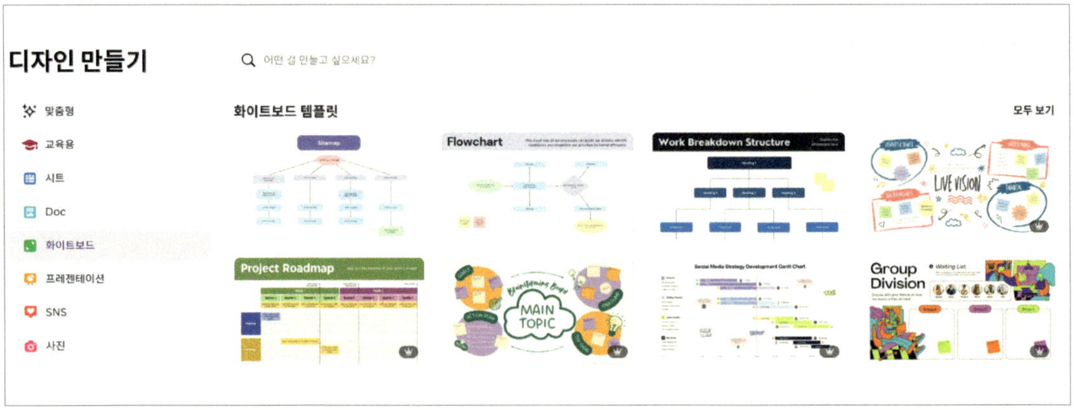

만들기에서 알맞은 화이트보드 템플릿 선택 후 학생 공유

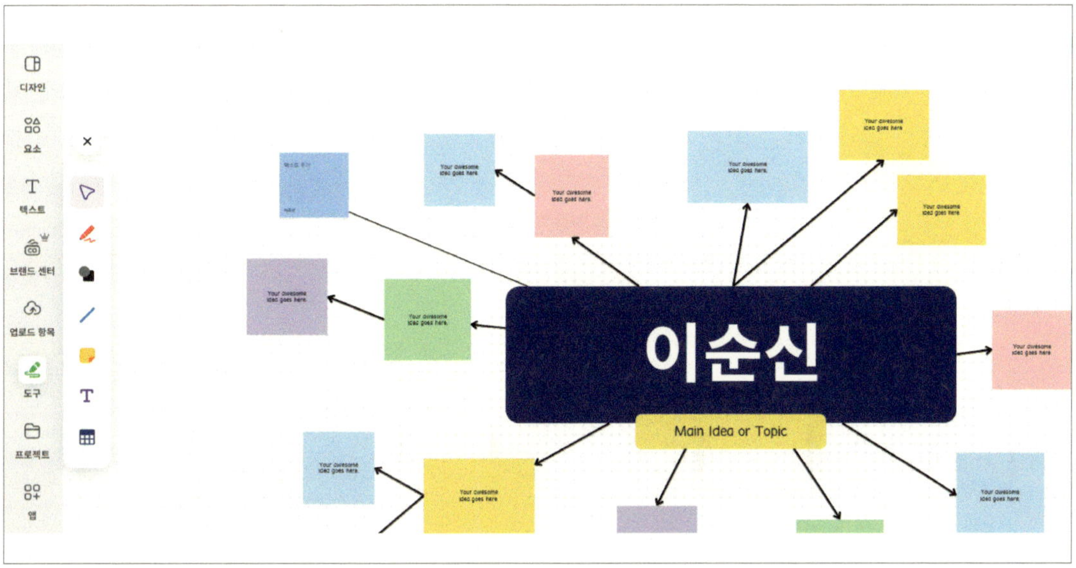

마인드맵 자료 제작(업로드 항목을 통해 사진 등 업로드 가능)

과학 시간

실험 과정, 결과, 관찰 내용을 정리하거나 시각화하는 데 효과적이며 과정 중심 평가 결과를 정리하는데도 도움이 됩니다.

영역	주요 학습 내용	캔바 활용 활동 예시
실험 전	실험 계획 수립, 예측, 배경지식 정리	◯ 실험 계획서 만들기
실험 중	관찰, 기록, 자료 정리	◯ 실험 관찰 흐름도 제작
실험 후	결과 분석, 결론 정리, 발표	◯ 실험 결과 요약 및 발표자료 제작

미술 시간

사진, 도형, 글자, 아이콘 등을 조합해 자신만의 독창적인 작품을 만들 수 있습니다. 그림에 소질이 부족한 학생들도 캔바를 활용하면 흥미를 가지고 미술시간에 참여할 수 있습니다.

영역	주요 학습 내용	캔바 활용 활동 예시
체험	대상 관찰, 감정 표현	◯ 감정 카드 만들기 ◯ 관찰 그림 리플렛 제작
표현	아이디어 구상, 작품 제작	◯ 나만의 캐릭터 디자인 ◯ 디지털 스티커·배너 제작
감상	작품 이해, 미술사 탐색	◯ 화가 소개 카드 ◯ 미술 작품 리뷰 포스터 제작
시각문화 이해	매체 이미지 읽기, 시각 정보 해석	◯ 광고 디자인 만들기 ◯ SNS용 이미지 분석 활동

자율 진로 시간

영역	주요 학습 내용	캔바 활용 활동 예시
자율	학교폭력 예방 교육	◯ 학교폭력 예방 캠페인 포스터 만들기
	환경·보건·안전 교육	◯ 환경 보호 실천 포스터 ◯ 손씻기·교실 안전 수칙 안내 카드
	친구 관계·감정 표현	◯ 친구 칭찬 카드 만들기 ◯ 감정 표현 카드 디자인
	독서·토론 활동	◯ 책 소개 카드뉴스 만들기 ◯ 나만의 독서 리뷰 포스터 제작
	교내 행사 참여 및 기록	◯ 행사 일정표 만들기 ◯ 학급 추억 포스터 제작
진로	직업 세계 탐색	◯ 관심 직업 소개 카드 만들기 ◯ 직업 인터뷰 카드 제작
	자기 이해 활동	◯ 나의 성격·장점 정리 포스터 ◯ 나를 표현하는 말 구름 만들기
	미래 진로 설계	◯ 미래 직업 브로셔 만들기 ◯ 꿈을 이루기 위한 계획 포스터
	직업 체험 후 활동	◯ 직업 체험 후기 카드뉴스 만들기 ◯ 체험 포스터로 소감 공유
	진로 포트폴리오 구성	◯ 포트폴리오 표지 디자인 ◯ 진로 활동 요약 페이지 제작

캔바를 활용한 교수학습지도안 예시(2차시 분량)

<table>
<tr><td>주제</td><td colspan="2">본받고 싶은 인물(혹은 역사적) 인물 조사하기</td><td>과목</td><td>국어, 사회</td></tr>
<tr><td>학습목표</td><td colspan="2">관심 있는 분야의 인물을 조사하고 발표자료를 만들 수 있다.</td><td>교과역량</td><td>자료정보활용역량</td></tr>
<tr><td>학생 참여전략</td><td colspan="4">캔바를 활용해 자신이 생각한 발표자료를 시각화하여 표현하도록 지도한다.</td></tr>
<tr><td>수업 단계</td><td>세부 단계</td><td colspan="2">주요 교수학습활동</td><td>AI·디지털 융합 전략 및 유의점</td></tr>
<tr><td rowspan="2">도입</td><td>동기유발</td><td colspan="2">◯ 평소 본받고 싶은 인물(혹은 역사적) 생각해보기
◯ 본받고 싶은 인물(혹은 역사적) 떠올리기</td><td></td></tr>
<tr><td>학습문제 제시</td><td colspan="2">◯ 본받고 싶은 인물(혹은 역사적)을 소개해봅시다.</td><td></td></tr>
<tr><td rowspan="2">전개</td><td>활동1</td><td colspan="2">◯ 본받고 싶은 인물(혹은 역사적) 알아보기
- 본받고 싶은 인물(혹은 역사적) 모둠별로 정하기
- 본받고 싶은 인물(혹은 역사적) 조사하기
◯ 본받고 싶은 인물(혹은 역사적) 대화하기
- 인물과 AI를 통해 대화하기
- 빈의자 기법을 활용해 역사적 인물과 대화하기</td><td>- 본받고 싶은 인물들을 정리하고 인터넷을 통해 정보를 찾는다.
- 투닝을 활용하여 인물과 대화 한다.
- 사실을 기반으로 AI가 이야기하는지 반드시 확인해야 한다.</td></tr>
<tr><td>활동1</td><td colspan="2">◯ 본받고 싶은 인물들 소개하기
- 인터넷을 이용하여 자료(소개자료, 이미지 등) 찾기
- 캔바를 활용하여 모둠 소개 자료 만들기
- 본받고 싶은 인물 소개 및 발표하기</td><td>- 인터넷에서 수집된 자료의 신뢰성을 판단하고 적절히 활용할 수 있도록 학생들을 지도해야 한다.
- 평소 캔바 활용법에 대해 지도를 해 두어야 한다.</td></tr>
<tr><td rowspan="2">정리</td><td>피드백 및 학습정리</td><td colspan="2">◯ 학습내용 정리
- 본받을 만한 인물을 소개하며 기억에 남는 점 이야기하기</td><td></td></tr>
<tr><td>과제제시</td><td colspan="2">◯ 과제제시
- 자신이 관심 있는 분야의 인물 한명을 선택하여 책 읽기</td><td></td></tr>
</table>

캔바 기본 기능 익히기

캔바 회원가입하기

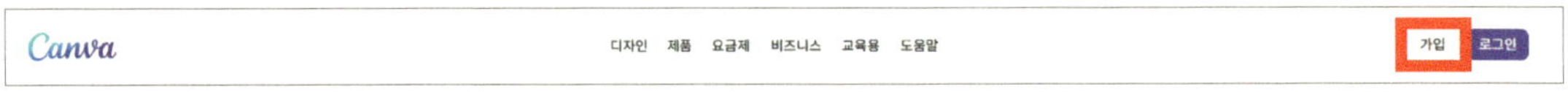

https://www.canva.com/ 사이트 접속 후 우측 상단 가입 버튼 클릭

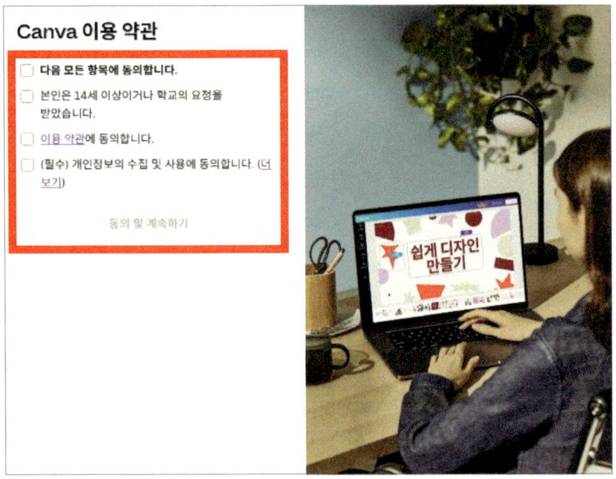

이용약관 모두 동의 후 계속하기(학부모 동의)

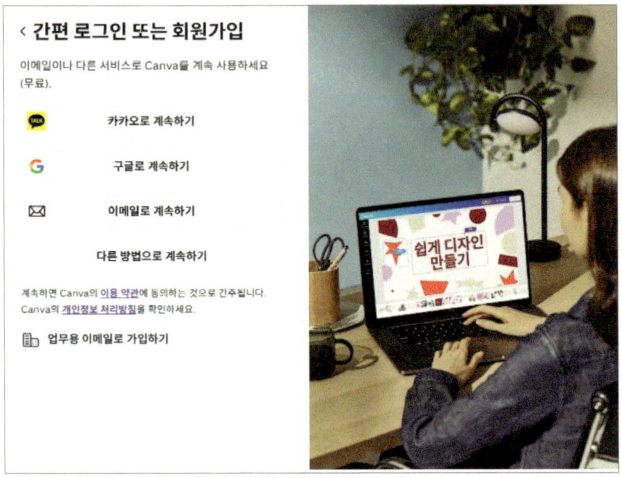

무료계정 생성

캔바 사용할 때 주의할 점 생각해보기

① 공개범위 생각하기: 누구에게 공개하나요?

② 정보(이름 · 학급 · 학교 · 주소 · 전화)가 드러나지 않게 처리했나요?

③ 공개하기 전 부모님 허락을 받았나요?

엄마에게 전하는 한 줄 팁

학생이 캔바를 사용할 때 학부모 동의가 필요한가요?

네, 경우에 따라 학부모 동의가 필요합니다. 만 13세 미만 학생은 학부모 동의 없이 단독 가입은 불가능합니다. 캔바는 만 13세 이상만 단독 계정 사용이 가능하며, 그 이하의 경우는 학부모 또는 교사가 만든 교육용 계정 아래에서 사용해야 합니다.

구분	학부모 동의 여부	추천 사용 방법
가정에서, 만 13세 미만	● 필요함	부모 계정으로 로그인해 자녀와 함께 사용
가정에서, 만 13세 이상	□ 권장	자녀 명의로 가입 가능하지만 부모 확인이 바람직
학교에서 사용하는 경우	□ 학교에서 동의 절차 진행	교사 계정에 학생이 초대받아 사용

추천 방법

가정에서 사용할 경우 학부모가 함께 계정을 만들고 자녀와 같이 사용하는 것이 가장 안전합니다.

캔바 기본 로그인 화면 알아보기

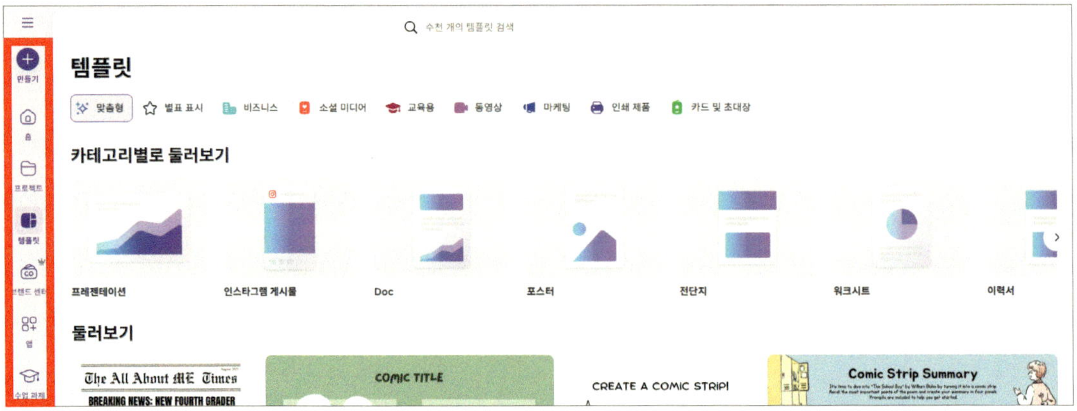

캔바 기본 로그인 화면

메뉴	설명	활용 예시
만들기	원하는 디자인 종류나 크기를 선택해서 자유롭게 디자인하는 기능	◯ 시트, docs, 프레젠테이션 등
홈	작업을 시작하거나, 저장한 작업을 쉽게 찾을 수 있도록 정리된 첫 화면	◯ 내 프로젝트 검색 ◯ 만들기 및 AI기능 사용
프로젝트	만든 디자인과 자료를 저장하고 정리하는 공간	◯ 지난 디자인 다시 열기, 자료 폴더 정리
템플릿	디자인 예시를 선택해 쉽게 시작할 수 있는 기능	◯ 행사 포스터, 발표 자료 빠르게 만들기
브랜드 센터	주로 쓰는 로고, 색상, 글꼴 등을 모아놓는 공간	◯ 통일된 기관/학교 디자인 만들기
앱	다양한 도구와 외부 프로그램을 연결해 쓰는 기능	◯ AI기능, 배경 제거, 글 요약, QR코드 만들기 등
수업 과제	과제를 배포하고, 학생이 제출할 수 있는 기능	◯ 디지털 과제 주고받기, 공동 작업

캔바 만들기 클릭시 나오는 화면

캔바 홈화면 알아보기

캔바 홈 화면입니다. 디자인을 시작하거나 저장한 파일을 열 수 있는 출발점입니다.

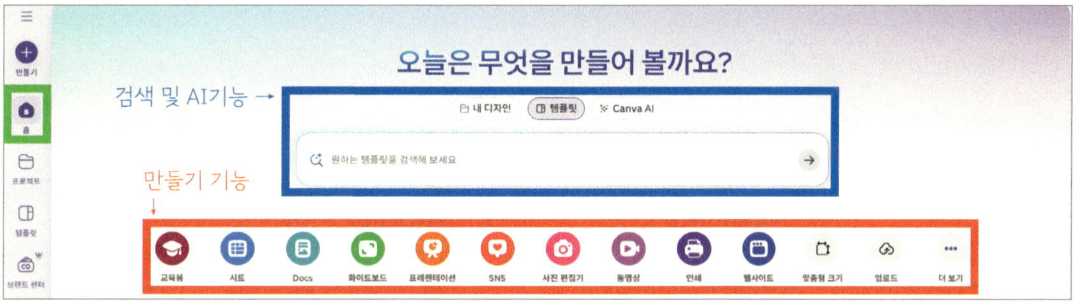

캔바 홈화면

검색 및 AI기능

기능	설명
내 디자인	내가 만든 디자인을 검색으로 찾는 기능
템플릿	다양한 주제의 디자인(템플릿)을 검색하여 사용하는 기능
캔바 AI 기능	AI가 글을 써주거나 디자인을 자동으로 추천해주는 기능

만들기 기능

메뉴	기능	활용 예시
교육용	교사와 학생이 함께 수업자료를 만들고 과제를 주고받을 수 있는 교육 전용 공간	◯ 학습지 만들기 ◯ 학생들과 과제 및 제출 관리
시트(Sheets)	간단한 표와 데이터 정리가 가능한 기능으로, 엑셀에 디자인 요소가 더해진 형태	◯ 시트, 체크리스트 만들기
Docs (문서)	워드처럼 글을 쓰며 이미지와 디자인 요소를 쉽게 추가할 수 있음	◯ 필요한 문서 제작 (한글과 호환 어려움)
화이트보드	자유롭게 선을 긋고 메모를 붙일 수 있는 디지털 칠판	◯ 생각 나누기 활동 ◯ 협업 마인드맵 만들기
프레젠테이션	발표용 자료를 시각적으로 예쁘게 만들 수 있음	◯ 발표 자료 제작
SNS (소셜 미디어)	인스타그램, 유튜브, 페이스북 등 SNS용 디자인 제공	◯ 활동 공유 이미지 만들기
사진 편집기	사진을 자르거나 필터를 넣고 꾸밀 수 있는 기능	◯ 앨범 제작 ◯ 사진 꾸미기
인쇄(Print)	디자인한 내용을 스티커, 명함, 리플렛 등으로 인쇄 가능	◯ 상장, 학급 포스터, 책표지 인쇄, 행사 초대장, 감사카드 제작
영상	사진, 동영상, 음악, 텍스트 등을 조합하여 쉽고 빠르게 나만의 동영상을 만들 수 있는 기능	◯ 영상 제작
웹사이트 (Websites)	코딩 없이 간단한 개인 웹페이지를 만들 수 있음	◯ 웹사이트 만들기 ◯ 포트폴리오 공유
맞춤형 크기	원하는 디자인 크기를 직접 설정 가능	◯ A4 용지 설정 ◯ SNS용 정사각형 사이즈 설정
업로드(Uploads)	내 컴퓨터에 있는 사진, 영상, 오디오 등을 올릴 수 있음	◯ 사진 및 영상 넣기 ◯ 배경음악 추가
더보기(More)	차트, 앱 연동, QR코드 등 다양한 부가기능 제공	◯ 차트 설문 결과 시각화 ◯ QR코드로 문서 연결 등

캔바 디자인화면 알아보기

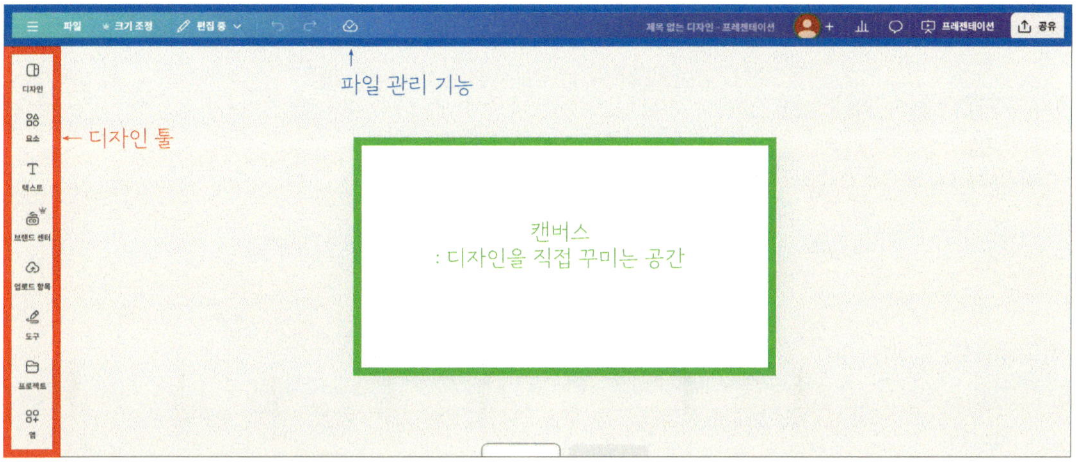

캔바 디자인화면- 파워포인트 선택시

상단: 파일 관리 기능

항목	기능 설명
파일	디자인을 새로 만들거나, 복사, 이름 변경, 저장 등 파일 관련 작업 기능.
크기 조정	현재 디자인의 가로·세로 크기를 다른 규격으로 변경(PRO기능)
	캔바 메인 화면으로 돌아가 템플릿·프로젝트·최근 작업을 볼 수 있음
제목 없는 디자인 - 프레젠테이션	현재 작업 중인 디자인의 이름 표시, 디자인 상단의 제목 부분을 클릭해 파일 이름을 바꾸는 기능
공유	다른 사람과 디자인을 공유하거나, 다운로드, 프레젠테이션, 링크 복사 등 다양한 공유 기능을 제공
	저장 자동 저장 진행 상황 및 인터넷 연결 상태 확인
	직전 작업을 취소하거나 복원하는 기능

상단: 파일 관리 기능

항목	기능 설명
디자인	미리 만들어진 다양한 템플릿을 불러와서 바로 사용하는 기능
요소	사진, 그림, 아이콘, 도형, 배경 등 디자인에 넣을 수 있는 개별 디자인 제공
텍스트	제목, 소제목, 본문 등 글자를 넣고 글씨체·크기·색을 자유롭게 변경
브랜드 센터	자주 쓰는 색상·글씨체·로고를 저장해 두어 디자인마다 동일하게 적용
업로드 항목	내 컴퓨터, 스마트폰, 구글드라이브, SNS에 있는 사진, 영상, 오디오 불러오기
도구	이미지 배경 제거, 그래프 만들기, QR코드 생성 등 부가 기능
프로젝트	만든 디자인을 저장·정리하는 공간
앱	다른 서비스 앱와 연결해 자료 불러오기나 추가 기능 사용

엄마에게 전하는 한 줄 팁

캔바의 디자인 화면(에디터)은 어떤 디자인을 만들고 있는지에 따라 조금씩 달라져요.

집에서 만드는 우리 아이 선거포스터

선거 포스터 만들기

기본 디지털 활용 능력 습득함과 동시에 내 맘에 쏙 드는 선거포스터를 제작할 수 있어요.

템플릿에서 선거 포스터 검색 후 선택

업로드를 통해 본인 사진 업로드 사진 클릭 후 배경 제거 버튼 누르기

사진 선거 포스터에 입력 및 완성

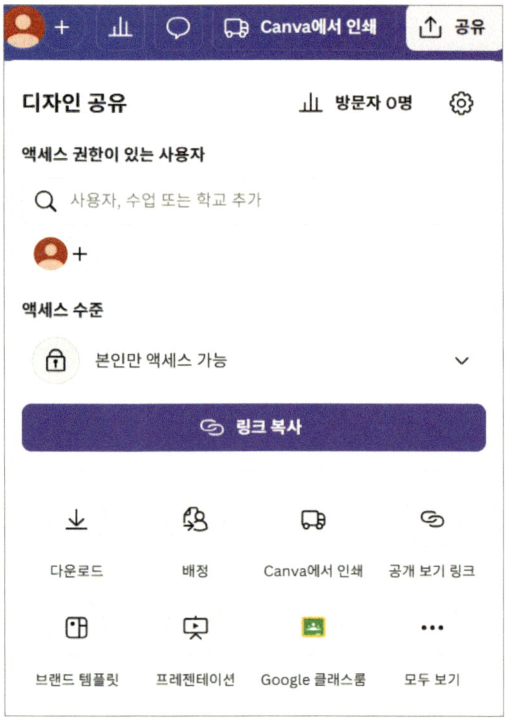

공유 버튼을 눌러 완성본 다운로드

우리 아이 선거 필승 핵심 공약 정하기!

→ '우리 반/학교에 있었으면 하는 것'을 자유롭게 이야기 하기

→ 친구들이 관심이 많은 분야가 무엇인지 생각해보기 (e스포츠, 음악, 급식 등)

→ 선택한 아이디어를 짧고 명확하게 표현하기

→ 공약의 실현가능성 점검하기

엄마에게 전하는 한 줄 팁

후보 이미지와 어울리는 색상 2~3가지 사용! 제목 글씨는 굵게, 본문 글씨는 깔끔하게! 캔바 공유 기능을 활용하여 학생과 함께 작업내용을 공유하며 공동작업을 통해 만들 수 있습니다.

캔바로 쉽게 만드는 SNS

캔바 템플릿으로 뚝딱 만드는 ☆스타 게시물

만들기 선택 후 SNS에서 원하는 설정 선택

디자인에서 알맞은 템플릿 선택

사진 업로드 및 드래그앤드롭을 통해 기존 사진이나 영상 교체 후 꾸미기

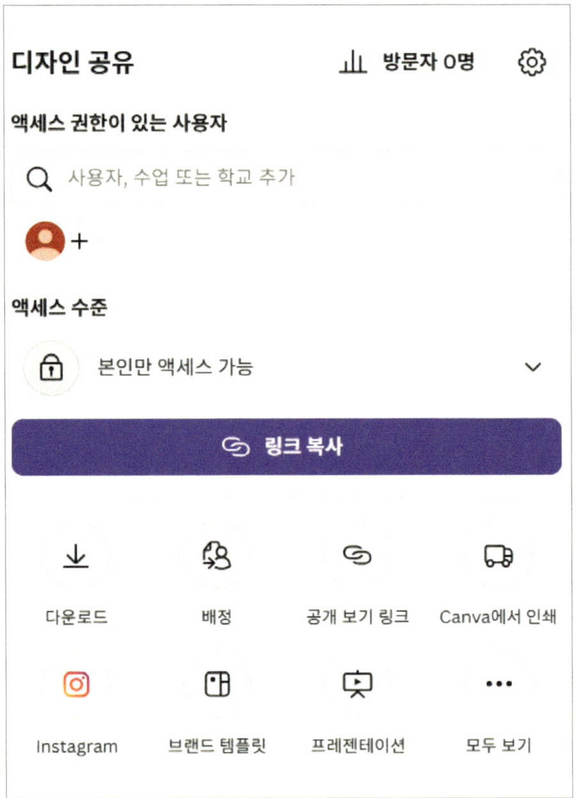

공유 버튼 선택 후 공유(QR코드 생성)
모바일의 경우 인스타 즉시 업로드 가능

캔바와 함께 하는 저작권 교육SNS에는 모두다 올려도 괜찮을까?

→ SNS에 올리면 안되는 것들 생각해보기

→ 저작권이란 무엇인지 알아보기

→ SNS 올릴 때 저작권에 신경써야 될지 생각해보기

→ 저작권 확인하는 방법과 출처 표시 방법 알아보기

엄마에게 전하는 한 줄 팁

캔바로 디자인할 때 꼭 알아야 하는 저작권은 아래와 같습니다.

구분	사용 여부	주의사항
캔바 무료 이미지·아이콘	가능	캔바에서 '무료' 표시된 자료만 사용. 'Pro' 표시 자료는 유료 구독 필요
직접 촬영한 사진이나 본인 제작 그림·디자인	가능	타인 얼굴 사용 시 사전 동의 필수
인터넷 검색 이미지	주의	대부분 저작권 있음. 사용 전 '무료 사용 가능' 또는 'CC 라이선스' 여부 확인
유명인·캐릭터 이미지		허락 없이 사용하면 초상권·저작권 침해 가능성 있음
음악·영상 클립	주의	SNS에 업로드 시 배경음악도 저작권 확인 필요. '저작권 무료' 음원만 사용
책·신문·웹사이트 내용	주의	문장 전체 복사 금지. 필요한 경우 일부만 인용하고 출처 표시

가족신문 걱정은 그만

https://padlet.com 사이트 접속 무료 계정 생성 후 '+ 만들기' 클릭

템플릿에서 선거 포스터 검색 후 선택

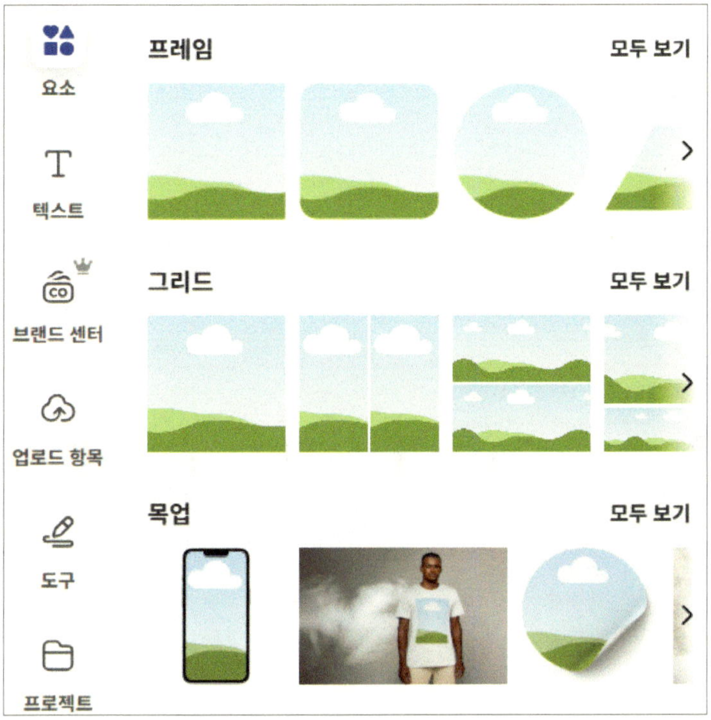

요소: 프레임은 사진이나 영상을 넣을 수 있는 틀
사진 업로드 후 프레임안에 삽입

가족신문 꾸미기 및 완성

가족신문 어떻게 만들까?

→가족신문의 주제를 먼저 정하고(예: 여행, 생일, 가족 행사) 사진을 맡아 준비합니다.

→재미있는 가족 이야기, 추억 사진, 인터뷰 등을 포함해 다양하게 구성합니다.

→마지막으로 전체 내용을 함께 모아 편집 · 검토 후 완성합니다.

엄마에게 전하는 한 줄 팁

텍스트상자 클릭 후 나타나는 인공지능 글쓰기 Magic wirte기능을 활용하면 아이와 글을 더 재밌게 쓸 수 있어요. 다만 Magic write는 아이디어 보조 도구로 활용하고, 아이가 직접 내용을 수정 · 검증해야 합니다. 개인정보 입력은 피하고, 사실 여부와 표현 적절성을 반드시 확인해야 합니다.

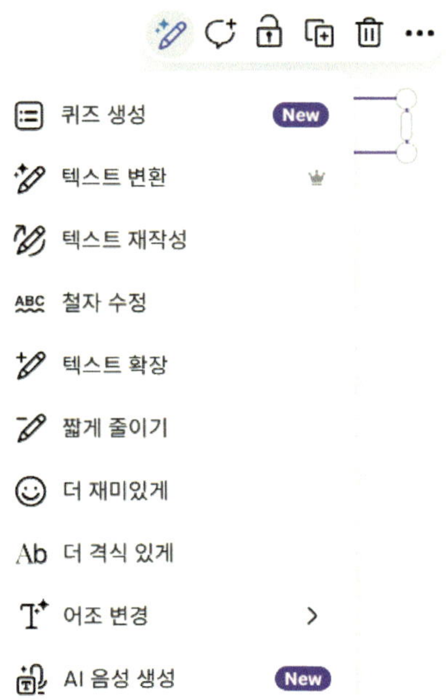

기능	설명
텍스트 변환	프롬프트를 입력하여 글쓰기
텍스트 재작성	같은 내용 문장 바꿔 다시 작성하기
텍스트 확장	더 길고 자세하게 글쓰기
짧게 줄이기	간단하게 요약하기
더 재미있게	글을 유머러스하고 흥미롭게 바꾸기
더 격식 있게	글을 공식적이고 정중하게 바꾸기
어조 변경	문장의 분위기·감정 바꾸기

캔바로 발표 자료 만들기

나만의 발표 자료 만들고 발표 연습하기

① 발표 주제 정하기

____

(예: 좋아하는 동물, 사회 문제 해결, 선거 공약, 환경 보호 아이디어 등)

② 발표할 내용을 정리하기

말하고 싶은 내용을 3~5문장으로 써보세요.

③ 캔바에서 슬라이드 만들기

템플릿에서 알맞은 취향의 템플릿 고르기

너무 화려하지 않은 PPT고르기

슬라이드는 너무 길지 않게 구성, 그림은 크고 글은 간결하게!

슬라이드	내용 예시	슬라이드	내용 예시
① 제목(1장)	발표 제목 + 이름	③ 내용(3~5장)	핵심 내용 및 설명 제시
② 주제소개(1장)	주제 소개 및 선택이유	④ 정리(1장)	결론과 느낀점/친구들에게 하고 싶은 말

발표자료에 제목, 핵심 내용, 그림 또는 사진, 나의 이름을 꼭 넣어주세요!

④ 발표 연습하기

도입(인사 + 주제 소개)

☞ ____

중간(내용 설명)

☞ ____

마무리(결론 느낀 점, 친구들에게 하고 싶은 말)

☞ ____

⑤ 체크리스트로 점검하기

[ ] 가족 앞에서 연습하기

[ ] 말하는 속도와 표정을 신경 쓰는지 생각해보기

엄마에게 전하는 한 줄 팁

◯ Magic write 기능을 활용해 PPT 목차 등을 만들 수 있어요

◯ 캔바에서 바로 발표하는 것과 다운로드 하는 것은 달라요

구분	캔바에서 프레젠테이션 모드	PPT 다운로드
정의	캔바 안에서 슬라이드를 직접 화면에 띄우며 발표하는 기능	발표자료를 PPT 파일로 저장해 파워포인트 등 다른 프로그램에서 여는 기능
실행 위치	[공유] 또는 [프레젠테이션] 클릭 후 → '프레젠테이션' 선택	[공유] → [다운로드] → 파일 형식에서 'PPTX' 선택
장점	바로 발표 가능, 디자인 그대로 유지, 발표용 타이머나 스타일 선택 가능	오프라인에서 사용 가능 파워포인트로 편집 가능 인터넷 없이 발표 가능
주의점	로그인 및 인터넷 연결이 필요함	gif, 영상 등의 기능이 작동하지 않음.

나만의 로고 만들기

아이디어 입력(프롬프트)를 통한 로고 만들기

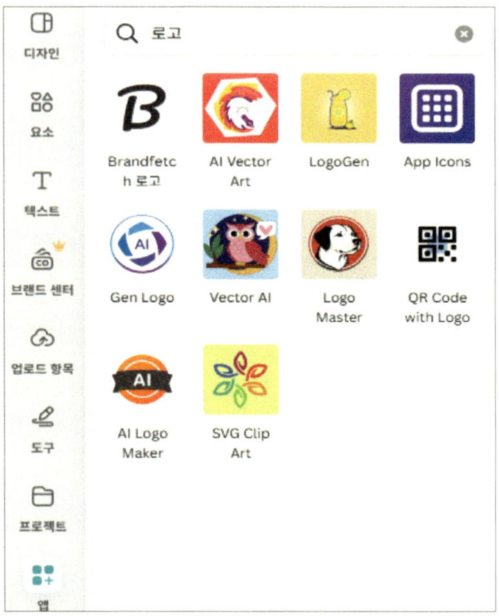

앱에서 '로고' 검색 후 'Gen Logo' 선택하기

알맞은 아이디어를 입력해 로고 생성하기

로고 확인하기

Gen Logo 이외의 앱에서는 유료크레딧이 없을 경우 생성이 어려울 수 있어요

AI의 도움 없이 요소(도형 등)을 활용하거나 직접 그려서 로고를 만들 수 있어요

나에게 맞는 로고 찾기

빈칸을 채워보며 나만의 로고를 찾아봅시다

① 주제 정하기

로고의 범위 생각해보기(예: 나, 우리 반, 동아리, 가족, 꿈, 애완동물 등)

→ 주제:

② 로고를 나타내는 다양한 요소 고르기

좋아하는 색이나 떠오른 색:

주로 떠오르는 것(동물/물건/상징 등):

넣고 싶은 단어(슬로건):

③ 로고 소개하기

로고 이름:

로고에 담긴 뜻(색/모양/단어의 의미):

엄마에게 전하는 한 줄 팁

"좋은 프롬프트는 간결하고 구체적이면 좋아요"

① 한 줄 공식

대상 + 상징(아이콘) + 스타일 + 색 1~2개 + 넣을 글자 + 배경 + 금지조건

예) 3학년 2반 로고, 웃는 연필 아이콘, 파랑·노랑, '3-2 CLASS', 배경은 흰색, 그림자 금지

② 잘 쓰는 요령 3가지

짧게: 1~2문장 또는 쉼표로 나열하기(불필요한 설명 X)

색은 2개 이내로 쓰기: 보기 쉽고 보기에 깔끔해요.

금지조건 추가하기: "사진 느낌·그라디언트·복잡한 배경 금지"등

캔바로 만드는 4컷 만화

나만의 캐릭터로 만드는 4컷만화

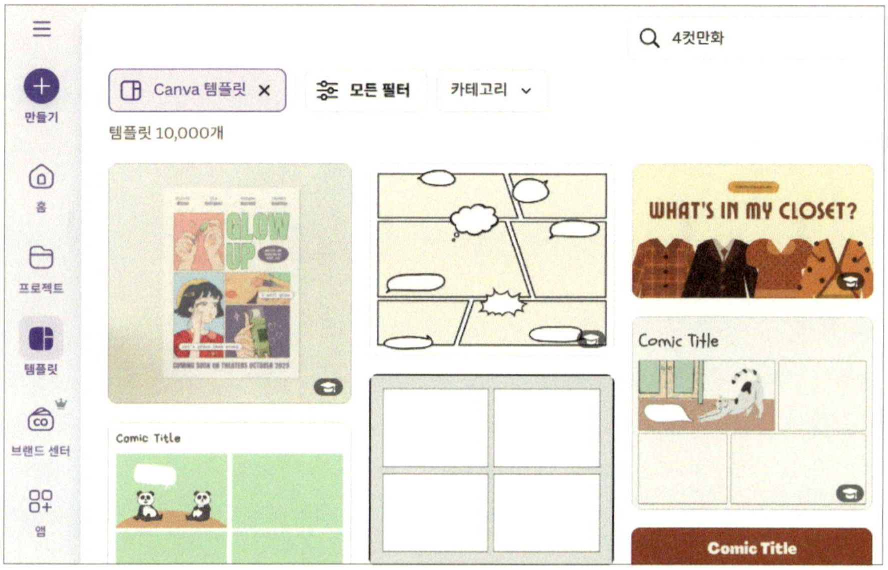

템플릿에서 4컷만화 검색 후 알맞은 디자인 선택

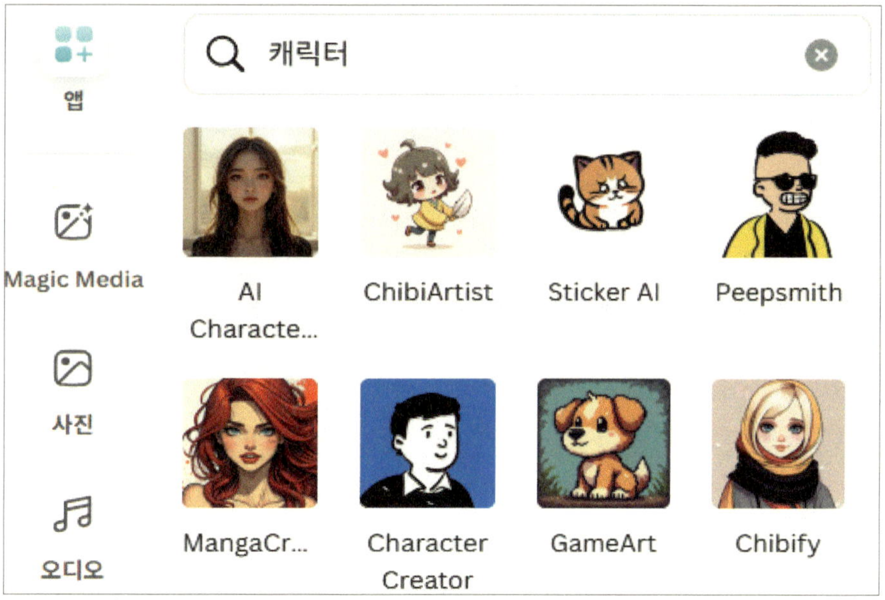

앱에서 캐릭터 검색 후 'Peepsmith' 혹은 'Charater Creator' 선택

캐릭터 생성 후 추가하기

요소에서 필요한 것(말풍선, 그림 등 넣어 꾸미기)

간단 스토리 보드 만들기!

아래 빈칸을 아이와 함께 채워봅시다.

4컷만화 제목	
주인공(사람/동물/캐릭터)	
문제(무슨 일이 생겼나요?)	
해결(어떻게 바뀌나요?)	

엄마에게 전하는 한 줄 팁

다음 4단계로 생각하면 4컷만화 그리기가 쉬워요(도입-전개-절정-결말)

1. 도입 누가, 어디서, 무엇을 하는지 상황 소개	2. 전개 문제·갈등 발생(어떤 일이 생김)
3. 절정 해결 시도/반전(깨달음의 순간)	4.결말 해결 결과 + 교훈 한 줄

3

지식과 아이디어를 함께 확장하는 대화 파트너, ChatGPT

디지털 교실에서 선생님은 아이들의 생각과 질문을 한 걸음 더 이끌기 위해 ChatGPT를 자주 활용합니다. ChatGPT는 대화를 통해 궁금증을 함께 탐색하고, 배운 내용을 설명·연습·확장하도록 돕는 지능형 학습 파트너입니다. 교실 밖 가정에서도 숙제 점검, 글쓰기 피드백, 프로젝트 아이디어 탐색을 함께하는 든든한 조력자입니다.

ChatGPT은 어떤 도구인가요?

ChatGPT는 OpenAI에서 개발한 대화형 인공지능으로, 자연어로 소통하며 다양한 질문에 답변하고 과제를 도와주는 AI 어시스턴트입니다. 단순한 검색 도구를 넘어 사고 과정을 자극하고 학습을 돕는 교육 파트너로서의 역할을 할 수 있습니다.

ChatGPT 접속화면

ChatGPT 공식

ChatGPT의 주요 특징은 다음과 같습니다.

대화형 학습: 일방적인 정보 제공이 아닌, 질문과 답변을 통한 상호작용적 학습이 가능합니다. 마치 개인 교사와 대화하는 것처럼 자녀의 이해 수준에 맞춰 설명을 조절할 수 있습니다.

개인 맞춤 지원: 각 자녀의 학습 수준, 관심사, 성격에 따라 맞춤형 도움을 제공합니다. 수학을 어려워하는 아이에게는 더 쉬운 예시를, 창의적인 아이에게는 상상력을 자극하는 활동을 제안합니다.

24시간 접근 가능: 언제든지 궁금한 것이 있을 때 즉시 도움을 받을 수 있어, 자기 주도적 학습 습관을 기를 수 있습니다.

ChatGPT는 정답을 제공하는 것이 아니라 올바른 질문을 하도록 돕는 도구입니다. 학습자 생각하고, 탐구하고, 문제를 해결하는 과정을 안내합니다. 이는 단순 암기보다 깊이 있는 학습과 창의적 사고력 향상에 도움이 됩니다.

주의할 점

1. 앞으로 제시된 프롬프트 예시로 부족하다면 후속 질문을 통해서 원하는 결과가 나오도록 질문을 계속하도록 합니다.

2. ChatGPT와 같은 인공지능은 확률에 기반하여 답변을 생성하기 때문에 같은 질문이라도 다른 답변이 나오기도 합니다.

3. 그래프가 생성될 때 그래프의 제목, 범례 등은 한글로 표현이 안 되는 경우가 많이 있습니다. 영어로 요청을 하면 됩니다.

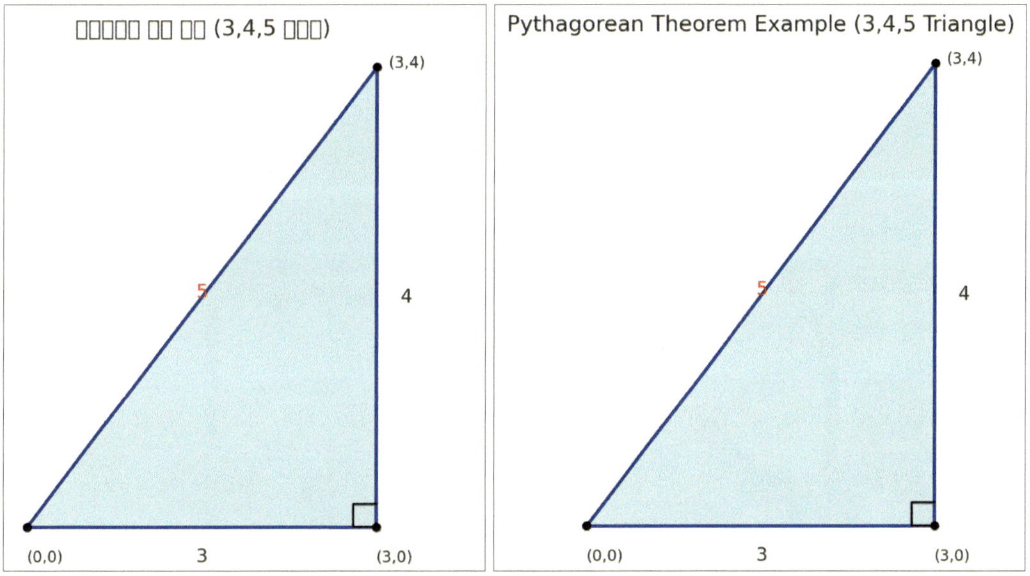

프롬프트 예시: 그래프의 제목, 범례 등을 영어로 표시해주세요

피타고라스(한글), 03_피타고라스(영어)

교실에서는 이렇게 활용해요!

개념 이해 및 질문 해결: 어려운 개념을 쉽게 설명받고 궁금증 해소하기

학교에서 배우는 내용 중 이해하기 어려운 개념이 있다면 ChatGPT에게 설명을 요청할 수 있습니다. ChatGPT는 복잡한 개념을 학생들의 눈높이에 맞춰 쉽고 간결하게 설명해 줄 수 있습니다. 예를 들어, 과학의 원리, 역사적 사건의 배경, 수학 공식의 의미 등을 질문하면 다양한 예시와 비유를 들어 설명해 줄 것입니다. 선생님은 학생들이 ChatGPT에게 질문하는 과정을 지켜보며, 어떤 부분을 어려워하는지 파악하고 추가적인 설명을 해주거나 다른 학습 자료를 찾아주는 등 적극적으로 개입할 수 있습니다.

상황	프롬프트 예시
개념 이해	"중학교 2학년 학생들이 이해하기 쉽게 광합성에 관해 설명해줘."
원리 설명	"피타고라스 정리가 왜 중요한지 실생활 예시를 들어 설명해줄래?"
역사적 배경	"조선 시대 붕당 정치가 왜 일어났는지 초등학교 5학년 수준에 맞춰 설명해줘."

프로젝트 수업

다양한 문제 유형 연습: 수학, 과학, 영어 등 과목별 문제 풀이 및 해설

ChatGPT는 다양한 과목의 문제 풀이를 돕고 해설을 제공하는 데 유용합니다. 학생들이 특정 유형의 문제에 어려움을 겪거나, 추가적인 연습 문제가 필요할 때 ChatGPT에게 요청할 수 있습니다. ChatGPT는 문제 풀이 과정을 단계별로 설명해주고, 오답에 대한 자세한 해설을 제공하여 학생들 스스로 오류를 찾아내고 올바른 개념을 이해하도록 돕습니다. 선생님은 자녀가 ChatGPT의 해설을 통해 개념을 정확히 이해했는지 확인하고, 유사한 문제를 직접 풀어보도록 유도하여 학습 효과를 높일 수 있습니다.

상황	프롬프트 예시
문제 풀이	"다음 수학 문제의 풀이 과정을 자세히 설명해줘: (문제 입력)"
연습 문제	"영어 문법 중 현재완료 시제에 대한 연습 문제 5개와 정답과 해설을 만들어 줘."
개념 설명	"화학 반응식 균형 맞추는 방법을 단계별로 설명하고, 연습 문제 하나를 내줘."

시험 대비 전략: 요약, 핵심 정리, 예상 문제 생성으로 완벽한 시험 준비

시험 기간에는 ChatGPT가 자녀의 효율적인 시험 준비를 도울 수 있습니다. 방대한 학습 내용을 요약하고 핵심을 정리하는 데 ChatGPT를 활용할 수 있습니다. 예를 들어, 교과서 특정 단원의 내용을 요약해달라고 요청하거나, 중요한 개념들을 중심으로 마인드맵을 그려달라고 할 수 있습니다. 또한, ChatGPT에게 예상 문제를 내달라고 요청하여 실전 감각을 익히고 부족한 부분을 파악할 수 있습니다. 선생님은 학생들이 ChatGPT를 활용하여 자신만의 시험 대비 노트를 만들고, 예상 문제를 풀어보며 자신감을 얻도록 격려할 수 있습니다.

상황	프롬프트 예시
내용 요약	"고등학교 한국사 교과서 3단원 내용을 시험에 나올 만한 핵심 위주로 요약해 줘."
예상 문제	"중학교 과학 중간고사 대비 예상 문제 10개와 정답을 만들어 줘."
듣기 평가	"영어 듣기 평가를 위한 스크립트를 작성해 주고, 초등학교 4학년에게 어려운 수준의 단어는 설명해줘."

개인별 수준에 맞는 학습 자료: 자녀의 학습 속도와 난이도에 맞춘 자료 만들기

학생들의 현재 학습 수준과 이해도에 맞춰 난이도를 조절한 학습 자료를 ChatGPT에게 요청할 수 있습니다. 예를 들어, 특정 개념을 처음 배우는 학생들에게는 아주 기본적인 설명과 쉬운 예시를, 심화 학습 이 필요한 학생들에게는 더 깊이 있는 내용과 도전적인 문제를 요청할 수 있습니다. 또한, 학생들의 학습 자료 선호 따라 적합한 형식의 자료(예: 그림, 표, 대화 스크립트, 역할극 시나리오 등)를 생성해달라고 요청할 수도 있습니다. 이를 통해 가장 효과적인 방식으로 학습할 수 있게 됩니다.

상황	프롬프트 예시
개념 설명	"초등학교 3학년 수준에 맞춰 분수의 개념을 설명하고, 그림 예시를 곁들여 줘."
심화 학습	"고등학교 1학년 통합과학에서 에너지 보존 법칙에 대한 심화 내용을 설명하고, 관련 실험 아이디어를 제안해줘."
어휘 학습	"중학생들이 영어 단어를 효과적으로 외울 수 있도록, 단어 10개를 활용한 짧은 스토리텔링을 만들어 줘."

흥미를 유발하는 교육 콘텐츠: 게임, 퀴즈, 스토리텔링으로 즐거운 학습 환경 조성

ChatGPT는 학습 내용을 기반으로 다양한 형태의 교육 콘텐츠를 생성하여 학생들의 흥미를 유발하고 몰입도를 높일 수 있습니다. 예를 들어, 역사적 사건을 배경으로 한 추리 게임, 과학 개념을 활용한 퀴즈, 문학 작품의 등장인물이 되어보는 역할극 시나리오 등을 만들 수 있습니다. 이러한 활동들은 학생들이 능동적으로 수업에 참여하게 하고, 학습 내용을 더욱 깊이 있게 이해하도록 돕습니다.

상황	프롬프트 예시
퀴즈 생성	"조선 시대 세종대왕의 업적에 대한 퀴즈 5문제를 객관식으로 내줘. 정답과 해설도 포함해 줘."
역할극 시나리오	"환경 보호의 중요성을 주제로 초등학생들이 참여할 수 있는 짧은 역할극 시나리오를 만들어 줘."
게임 아이디어	"수학 방정식 풀이 과정을 배우는 보드게임 아이디어를 제안해줘."

언어 학습의 새로운 지평: 영어, 중국어 등 외국어 회화 연습 및 작문 첨삭

외국어 학습은 꾸준한 연습과 피드백이 중요합니다. ChatGPT는 학생들의 외국어 학습에 있어 훌륭한 파트너가 될 수 있습니다. 학생들은 ChatGPT와 자유롭게 대화하며 회화 연습을 할 수 있고, 다양한 상황극을 통해 실전 감각을 익힐 수 있습니다. 또한, 작문한 글을 첨삭해달라고 요청하여 문법적 오류와 어색한 표현을 교정받고, 자연스러운 표현을 배울 수 있습니다. 이는 원어민과의 대화나 전문적인 첨삭을 받기 어려운 환경에서 매우 유용합니다.

상황	프롬프트 예시
회화 연습	"나는 영어 회화 연습을 하고 싶어. 여행 상황에서 사용할 수 있는 대화를 시작해 줘."
작문 첨삭	"내가 쓴 영어 에세이를 첨삭해 주고, 더 나은 표현을 제안해줘: (에세이 내용 입력)"
언어 콘텐츠	"초등학교 4학년 수준의 영어 단어 10개를 활용해서 짧은 일기 예보를 만들어 줘."

ChatGPT를 활용한 프로젝트 학습 관리

미래 사회는 단순히 지식을 암기하는 것을 넘어, 복잡한 문제를 해결하고 새로운 가치를 창출하는 프로젝트 기반의 역량을 요구합니다. 초 · 중 · 고등학생들 시기에 프로젝트 관리 능력을 키우는 것은 학업 성취뿐만 아니라, 대학 진학 및 사회생활에서도 매우 중요한 자산이 됩니다.

ChatGPT는 학생들이 프로젝트를 기획하고, 실행하며, 관리하고, 최종적으로 발표하는 전 과정에서 강력한 지원 도구가 될 수 있습니다. 선생님은 ChatGPT를 활용하여 학생들이 주도적으로 프로젝트를 수행하고, 문제 해결 능력을 향상시키며, 협업의 가치를 배울 수 있도록 도울 수 있습니다.

1. 프로젝트 계획 및 실행

성공적인 프로젝트의 시작은 체계적인 계획 수립에 있습니다. ChatGPT는 아이들이 막연한 아이디 어를 구체적인 프로젝트로 발전시키고, 효율적인 실행 계획을 세우는 데 도움을 줄 수 있습니다.

아이디어 구체화: 프로젝트 주제 선정, 목표 설정, 계획 수립

학생들이 어떤 프로젝트를 하고 싶어 하지만, 막상 시작하려니 막막해할 때 ChatGPT가 유용합니다. 학생들의 관심사나 해결하고 싶은 문제에 대해 ChatGPT와 대화하며 아이디어를 구체화할 수 있습니다. 예를 들어, "우리 동네 환경 문제를 해결하고 싶어. 어떤 프로젝트를 할 수 있을까?"라고 질문하면, ChatGPT는 쓰레기 분리수거 캠페인, 플로깅 활동, 재활용품을 활용한 예술 작품 만들기 등 다양한 아이디어를 제안해 줄 수 있습니다. 또한, 선정된 주제에 대해 구체적인 목표를 설정하고, 프로젝트의 범위와 기간, 필요한 자원 등을 계획하는 데도 도움을 받을 수 있습니다.

상황	프롬프트 예시
아이디어 제안	"초등학생들이 할 수 있는 과학 탐구 프로젝트 아이디어를 5가지 제안해줘. 각 아이디어에 대한 간단한 설명도 부탁해."
목표 설정	"선정된 프로젝트(예: 학교 텃밭 가꾸기)의 목표를 구체적으로 설정하고, 달성 가능한 계획을 세우는 데 도움을 줘."
계획서 양식	"프로젝트 계획서 양식을 만들어 주고, 각 항목에 어떤 내용을 채워야 하는지 설명해줘."

자료 조사 및 분석: 필요한 정보 수집, 요약, 핵심 내용 도출

프로젝트를 수행하기 위해서는 방대한 자료를 조사하고, 그 안에서 필요한 정보를 선별하며, 핵심 내용을 파악하는 능력이 중요합니다. ChatGPT는 이러한 자료 조사 및 분석 과정을 효율적으로 돕습니다. 학생들은 ChatGPT에게 특정 주제에 대한 정보를 요청하고, 검색된 자료를 요약해달라고 하거나, 여러 자료에서 공통으로 나타나는 핵심 내용을 추출해달라고 할 수 있습니다. 이는 학생들이 정보의 홍수 속에서 길을 잃지 않고, 필요한 지식을 효과적으로 습득하는 데 큰 도움이 됩니다.

상황	프롬프트 예시
자료 요약	"기후 변화가 우리 생활에 미치는 영향에 관한 최신 연구 자료를 찾아주고, 핵심 내용을 5가지로 요약해 줘."
데이터 추출	"내가 찾은 이 논문(링크 또는 내용 입력)에서 프로젝트에 필요한 주요 통계 자료만 추출해 줄 수 있을까?"
정보 비교	"여러 자료에서 언급되는 미세먼지 저감 방안 중 가장 효과적인 방법 3가지를 비교 분석해 줘."

역할 분담 및 협업: 팀 프로젝트에서 효과적인 역할 분담 및 협력

많은 프로젝트는 혼자가 아닌 팀원들과의 협업을 통해 이루어집니다. ChatGPT는 팀 프로젝트에서 효과적인 역할 분담을 돕고, 팀원 간의 협력을 촉진하는 데 이바지할 수 있습니다. 예를 들어, 팀원들의 강점과 약점을 고려하여 각자에게 적합한 역할을 제안해주거나, 팀원 간의 의사소통을 원활하게 하는 방법을 알려줄 수 있습니다. 또한, 팀 회의록을 작성하고, 논의된 내용을 요약하며, 다음 회의 안건을 제안하는 등 팀워크를 향상하는 데 실질적인 도움을 줄 수 있습니다.

상황	프롬프트 예시
역할 분담	"우리 팀원 4명이 프로젝트를 진행하는데, 각자의 강점(예: 자료 조사, 발표, 디자인, 글쓰기)을 고려해서 역할을 분담해 줘."
갈등 해결	"팀 회의에서 의견 충돌이 생겼을 때, 어떻게 하면 건설적으로 해결할 수 있을까?"
진행 상황 공유	"팀 프로젝트 진행 상황을 공유하고, 다음 주까지 각자 해야 할 일을 정리해 줘."

2. 프로젝트 진행 관리 및 문제 해결

프로젝트는 계획대로만 진행되지 않습니다. 예상치 못한 문제에 직면하거나, 진도가 지연되는 경우가 발생할 수 있습니다. ChatGPT는 학생들이 프로젝트 진행 상황을 체계적으로 관리하고, 발생할 수 있는 문제에 현명하게 대처하며, 위기관리 능력을 키우는 데 도움을 줄 수 있습니다.

일정 관리 및 진도 확인: 프로젝트 진행 상황 점검 및 마감 기한 준수

프로젝트의 성공적인 완수를 위해서는 철저한 일정 관리가 필수적입니다. ChatGPT는 자녀가 프로젝트 일정을 세우고, 단계별 마감 기한을 설정하며, 현재 진도를 효과적으로 추적하는 데 도움을 줄 수 있습니다. 예를 들어, 프로젝트의 전체 기간과 주요 마일스톤을 입력하면, 각 작업에 필요한 시간을 예측하고 현실적인 일정을 제안해 줄 수 있습니다. 또한, 매일 또는 매주 프로젝트 진행 상황을 보고하도록 요청하여, 계획 대비 진도를 점검하고 지연되는 부분이 있다면 원인을 분석하고 해결책을 모색하는 데 도움을 줄 수 있습니다. 이는 학생들이 시간 관리의 중요성을 깨닫고, 책임감을 가지고 마감 기한을 준수하는 습관을 기르는 데 이바지합니다.

활용 예시 프롬프트

- ☆ "우리 프로젝트(예: 과학 탐구 보고서 작성)의 전체 일정을 3주로 잡았어. 각 주차별로 어떤 작업을 해야 할지 상세 계획을 세워줘."
- ☆ "오늘까지 프로젝트의 50%를 완료하기로 했는데, 현재 30%밖에 못 했어. 남은 기간 동안 어떻게 하면 목표를 달성할 수 있을까?"
- ☆ "프로젝트 진행 상황을 매일 저녁에 보고할 건데, 어떤 형식으로 보고하면 좋을지 양식을 만들어 줘."

문제 발생 시 대처: 예상치 못한 문제 해결 및 위기관리 능력 향상

프로젝트를 진행하다 보면 예상치 못한 문제에 부딪히기 마련입니다. 자료 조사가 어렵거나, 실험이 실패하거나, 팀원 간에 갈등이 생기는 등 다양한 문제가 발생할 수 있습니다. ChatGPT는 이러한 문제 상황에서 학생들이 당황하지 않고 침착하게 해결책을 찾아나가는 데 도움을 줄 수 있습니다. 학생들은 ChatGPT에게 문제 상황을 설명하고, 가능한 해결책을 브레인스토밍하거나, 각 해결책의 장단점을 분석해달라고 요청할 수 있습니다. 또한, 과거 유사한 사례를 통해 교훈을 얻거나, 전문가의 조언을 참고하는 등 다양한 관점에서 문제에 접근하도록 유도할 수 있습니다. 이는 학생들이 문제 해결 능력과 위기관리 능력을 향상하는 데 큰 도움이 됩니다.

활용 예시 프롬프트

- ☆ "우리 팀 프로젝트에서 핵심 자료를 찾기가 너무 어려워. 다른 방법으로 자료를 찾을 수 있는 아이디어를 제안해줘."
- ☆ "실험이 계속 실패하고 있어. 어떤 부분을 점검해야 할까? 가능한 원인과 해결책을 알려줘."
- ☆ "팀원 중 한 명이 프로젝트에 참여하지 않아. 이 상황을 어떻게 해결해야 할까?"

피드백 반영 및 개선: 프로젝트 결과물에 대한 피드백 수용 및 보완

프로젝트의 완성도를 높이기 위해서는 타인의 피드백을 겸허히 수용하고, 이를 바탕으로 결과물을 개선하는 과정이 중요합니다. ChatGPT는 자녀가 프로젝트 결과물에 대한 피드백을 효과적으로 반영하고, 부족한 부분을 보완하여 최종 결과물의 품질을 향상하는 데 도움을 줄 수 있습니다. 예를 들어, 발표 자료에 대한 피드백을 입력하면, 어떤 부분을 수정하고 보완해야 할지 구체적인 제안을 해줄 수 있습니다. 또한, 보고서의 논리적 흐름이나 표현의 정확성을 검토해달라고 요청하여 더욱 완성도 높은 결과물을 만들 수 있습니다. 이는 자녀가 비판적 사고 능력을 키우고, 끊임없이 개선하려는 태도를 기르는 데 이바지합니다.

활용 예시 프롬프트

- ☆ "선생님께서 우리 보고서의 결론 부분이 약하다고 하셨어. 결론을 더 설득력 있게 보완하려면 어떻게 해야 할까?"
- ☆ "내가 만든 발표 슬라이드에 대한 피드백을 해줘. (슬라이드 내용 입력) 어떤 점을 개선하면 좋을까?"
- ☆ "프로젝트 결과물에 대한 친구들의 피드백을 정리하고, 다음 프로젝트에 반영할 점들을 도출해 줘."

3. 프로젝트 결과 발표 및 공유

프로젝트의 마지막 단계는 결과물을 효과적으로 발표하고 공유하는 것입니다. 이는 학생들이 자신의 노력과 성과를 인정받고, 다른 사람들과 지식을 나누며, 소통 능력을 향상시키는 중요한 과정입니다. ChatGPT는 학생들이 발표 자료를 준비하고, 발표 연습을 하며, 프로젝트 성과를 효과적으로 공유하는 데 도움을 줄 수 있습니다.

발표 자료 준비: 효과적인 발표 자료 제작 및 내용 구성

성공적인 발표를 위해서는 청중의 이해를 돕고 흥미를 유발하는 발표 자료가 필수적입니다. ChatGPT는 학생들이 발표 자료(예: 파워포인트 슬라이드, 포스터, 보고서)를 제작하고 내용을 구성하는 데 도움을 줄 수 있습니다. 예를 들어, 프로젝트의 핵심 내용을 요약하여 슬라이드별로 어떤 내용을 담을지 제안해주거나, 시각적으로 매력적인 디자인 아이디어를 제공할 수 있습니다. 또한, 발표 스크립트를 작성하거나, 예상 질문에 대한 답변을 준비하는 데도 활용할 수 있습니다. 이를 통해 학생들은 논리적이고 설득력 있는 발표 자료를 만들 수 있습니다.

활용 예시 프롬프트

- ☆ "우리 프로젝트(예: 학교 환경 개선 캠페인) 발표를 위한 파워포인트 슬라이드 개요를 만들어 줘. 각 슬라이드에 들어갈 핵심 내용도 포함해 줘."
- ☆ "발표 스크립트를 작성하는 데 도움을 줘. 프로젝트 소개, 문제점, 해결 과정, 결과, 결론 순서로 내용을 구성하고 싶어."
- ☆ "발표 시 예상되는 질문 5가지와 그에 대한 모범 답변을 만들어 줘."

발표 연습 및 피드백: 자신감 있는 발표를 위한 연습 및 개선

아무리 좋은 발표 자료가 있어도, 자신감 있고 효과적인 발표가 없다면 그 가치가 반감될 수 있습니다. ChatGPT는 자녀가 발표 연습을 하고, 피드백을 통해 발표 능력을 개선하는 데 도움을 줄 수 있습니다. 학생들은 ChatGPT에게 발표 내용을 말하고, ChatGPT는 청중의 입장에서 피드백을 제공할 수 있습니다. 예를 들어, 발음, 속도, 내용의 명확성, 청중과의 소통 방식 등에 대해 조언을 해줄 수 있습니다. 또한, 긴장감을 완화하고 자신감을 높이는 데 도움이 되는 팁을 제공할 수도 있습니다.

활용 예시 프롬프트

- ☆ "내가 발표할 내용을 들어보고, 어떤 점을 개선하면 좋을지 피드백을 줘. (발표 내용 입력)"
- ☆ "발표할 때 너무 긴장돼. 긴장감을 줄이고 자신감을 높이는 방법들을 알려줘." * "청중의 집중을 유도하고, 발표를 더욱 흥미롭게 만드는 방법은 무엇일까?"

프로젝트 성과 공유: 결과물 공유 및 팀원들과의 성취감 나누기

프로젝트의 성공적인 마무리는 결과물을 공유하고, 팀원들과 함께 성취감을 나누는 것입니다. ChatGPT는 프로젝트 결과물을 다양한 형태로 공유하는 방법을 제안하고, 팀원들과의 협력 경험을 되돌아보는 데 도움을 줄 수 있습니다. 예를 들어, 프로젝트 보고서를 작성하거나, 웹사이트나 블로그에 프로젝트 내용을 게시하는 방법을 알려줄 수 있습니다. 또한, 팀원들과의 협력 과정에서 좋았던 점, 아쉬웠던 점, 다음 프로젝트에 적용할 점 등을 정리하며 성찰의 시간을 가질 수 있도록 도울 수 있습니다.

활용 예시 프롬프트

- ☆ "우리 프로젝트 결과물을 학교 홈페이지에 올리려고 해. 어떤 형식으로 작성하면 좋을까?"
- ☆ "팀원들과 함께 프로젝트를 진행하면서 느낀 점을 공유하고 싶어. 어떤 질문들을 하면 좋을까?"
- ☆ "다음 프로젝트를 더 잘하기 위해, 이번 프로젝트에서 아쉬웠던 점과 개선할 점을 정리해 줘."

"공부하고 배워요" 모드 완벽 가이드

ChatGPT는 끊임없이 진화하며 새로운 기능들을 선보이고 있습니다. 그중에서도 특히 학습에 최적화된 "공부하고 배워요" 모드(Study Mode)는 자녀의 자기 주도 학습 능력을 한 단계 끌어올릴 수 있는 강력한 도구입니다. 이 장에서는 "공부하고 배워요" 모드가 무엇인지, 어떻게 효과적으로 활용할 수 있는지, 그리고 실제 사례를 통해 그 효과를 알아보겠습니다.

"공부하고 배워요" 모드란?: 학습에 최적화된 ChatGPT 기능 소개

"공부하고 배워요" 모드는 OpenAI가 ChatGPT를 학생들이 학습 도구로 더욱 효과적으로 활용할 수 있도록 설계한 기능입니다. 이 모드는 일반적인 대화 모드와 달리, 학습자의 질문에 대해 단순히 정답을 제공하는 것을 넘어, 개념을 심층적으로 설명하고, 관련 질문을 유도하며, 학습자의 이해도를 확인하는 등 교사와 같은 역할을 수행합니다. 예를 들어, 특정 개념에 대해 질문하면, ChatGPT는 해당 개념을 다양한 방식으로 설명하고, 관련 예시를 제시하며, 학습자가 제대로 이해했는지 확인하는 질문을 던져 능동적인 학습을 유도합니다.

주요 특징

- ☆ 심층적인 개념 설명: 복잡한 개념을 다양한 비유와 예시를 들어 설명하여 이해를 돕습니다.
- ☆ 능동적인 질문 유도: 학습자의 사고를 자극하는 질문을 던져 스스로 답을 찾아가도록 돕습니다.
- ☆ 이해도 확인: 학습자가 개념을 정확히 이해했는지 확인하는 질문이나 퀴즈를 제공합니다.
- ☆ 맞춤형 학습 경로 제안: 학습자의 수준과 필요에 따라 다음 학습 내용을 제안하거나 관련 자료를 추천합니다.
- ☆ 오답 분석 및 교정: 오답에 대해 단순히 정답을 알려주는 것이 아니라, 왜 틀렸는지 분석하고 올바른 개념을 이해하도록 돕습니다.

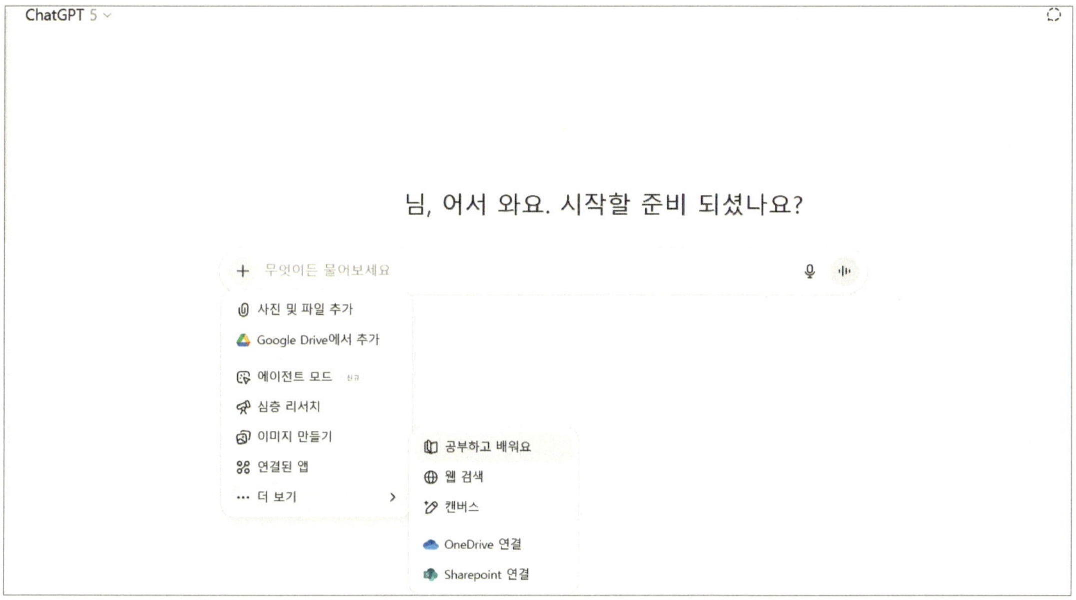

공부하고 배워요

효과적인 활용법: 학생들의 학습 습관 개선 및 자기 주도 학습 능력 향상

"공부하고 배워요" 모드를 효과적으로 활용하기 위해서는 몇 가지 전략이 필요합니다. 선생님들은 학생들이 이 모드를 통해 자기 주도 학습 능력을 향상시킬 수 있도록 지도해야 합니다.

공부하고배워요_예시01

1. 능동적인 질문: 학생들이 단순히 모르는 것을 묻는 것을 넘어, 왜 그런지, 어떻게 적용되는지 등 심층적인 질문을 하도록 유도합니다. 예를 들어, "이 문제 답이 뭐야?" 대신 "이 문제에서 이 공식을 왜 사용해야 하는지 설명해줘."와 같이 질문하도록 합니다.

2. 설명 요청: ChatGPT가 제공하는 답변을 단순히 받아들이지 않고, "더 쉽게 설명해 줄 수 있어?", "다른 예시를 들어줄래?"와 같이 추가 설명을 요청하도록 합니다.

3. 이해도 확인 질문 활용: ChatGPT가 "이해했니?" 또는 "이 개념을 너의 말로 설명해 볼래?"와 같은 질문을 던지면, 자녀가 스스로 답을 해보도록 격려합니다. 이를 통해 자신의 이해도를 점검하고 부족한 부분을 파악할 수 있습니다.

4. 오답 노트 활용: ChatGPT가 오답에 대해 분석해 줄 때, 그 내용을 바탕으로 자신만의 오답 노트를 만들도록 지도합니다. 이는 같은 실수를 반복하지 않고 개념을 확실히 다지는 데 도움이 됩니다.

5. 학습 계획 수립: "공부하고 배워요" 모드를 통해 특정 단원이나 개념을 학습하기 전에, ChatGPT와 함께 학습 목표와 계획을 세우도록 합니다. 예를 들어, "오늘 화학의 산과 염기 단원을 공부할 건데, 어떤 순서로 공부하면 좋을까?"와 같이 질문할 수 있습니다.

집에서도 이렇게 해보세요!

우리 아이와 함께 가정에서 ChatGPT 사용해보기

가정생활

https://chatgpt.com/ 접속 또는 인터넷 검색에서 ChatGPT로 검색합니다. 무료와 유료(Plus, Pro)는 사용량 및 모델의 성능에 따라서 차이점이 있습니다. 먼저 무료로 사용해보고 필요에 따라서 유료 모델을 사용하면 됩니다.

gpt요금제

ChatGPT에 접속을 하면 다음과 같은 화면을 볼 수 있습니다. 채팅창에 질문을 하면서 ChatGPT의 도움을 받으면 됩니다.

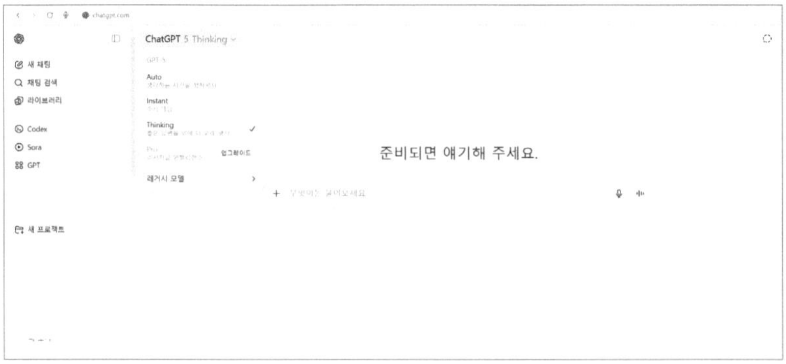

ChatGPT유료와 무료

갈등 해결 시뮬레이션: 친구와의 오해, 다툼 상황에서 현명하게 대처하기

자녀가 친구와의 갈등으로 힘들어할 때, ChatGPT는 가상의 시뮬레이션 환경을 제공하여 다양한 대처 방안을 연습해볼 수 있도록 돕습니다. 예를 들어, 친구와 오해가 생겼을 때 어떻게 대화해야 할지, 다툼이 발생했을 때 감정을 조절하고 합리적으로 해결하는 방법은 무엇인지 등을 ChatGPT와 함께 연습해볼 수 있습니다. ChatGPT는 다양한 시나리오를 제시하고, 자녀의 반응에 따라 적절한 피드백을 제공하여 실제 상황에서 당황하지 않고 현명하게 대처할 수 있는 능력을 길러줍니다.

상황	프롬프트 예시
갈등 대처	"친구가 내 물건을 허락 없이 사용해서 기분이 나빠. 이 상황에서 친구에게 어떻게 말해야 할까?"
의견 충돌	"친구와 의견 충돌이 생겼을 때, 내 의견을 잘 전달하면서도 친구의 기분을 상하게 하지 않는 대화 방법을 알려줘."
도움 요청	"학교에서 따돌림을 당하는 친구를 봤어. 내가 어떻게 도와줄 수 있을까?"

공감 능력 향상: 다양한 상황극을 통해 타인의 감정 이해하기

사회성의 핵심은 타인의 감정을 이해하고 공감하는 능력입니다. ChatGPT는 다양한 상황극을 통해 자녀가 타인의 입장에서 생각하고 감정을 이해하는 연습을 할 수 있도록 돕습니다. 예를 들어, 특정 상황에서 친구가 느낄 감정을 묘사해달라고 요청하거나, 자신이 친구의 입장이 되어 대화해보는 역할극을 진행할 수 있습니다. 이러한 연습은 자녀가 타인의 감정을 섬세하게 읽어내고, 배려하는 마음을 키우는 데 큰 도움이 됩니다.

상황	프롬프트 예시
위로	"친구가 시험을 망쳐서 속상해하고 있어. 이 친구에게 어떤 위로의 말을 건넬 수 있을까?"
사과	"내가 실수로 친구의 소중한 물건을 망가뜨렸어. 친구는 어떤 기분일까? 그리고 나는 어떻게 사과해야 할까?"
격려	"학교에서 발표를 앞두고 긴장하는 친구를 봤어. 이 친구의 마음을 이해하고 격려해주는 대화를 해 줘."

긍정적인 의사소통 기술: 효과적인 대화법 배우기 및 자기표현 연습

원활한 친구 관계를 위해서는 긍정적이고 효과적인 의사소통 기술이 필수적입니다. ChatGPT는 자녀가 자신의 생각과 감정을 명확하게 표현하고, 상대방의 말을 경청하며, 비판적인 상황에서도 건설적인 대화를 이어나가는 방법을 연습할 수 있도록 돕습니다. 예를 들어, 자신의 의견을 주장하는 방법, 거절하는 방법, 칭찬하는 방법 등을 ChatGPT와 함께 연습해볼 수 있습니다. 또한, ChatGPT는 자녀의 대화 내용을 분석하여 더 나은 표현이나 태도를 제안해 줄 수도 있습니다.

상황	프롬프트 예시
의견 표현	"내 의견을 분명하게 말하면서도 상대방을 존중하는 대화법을 알려줘."
거절	"친구가 부당한 부탁을 했을 때, 기분 나쁘지 않게 거절하는 방법을 연습하고 싶어."
칭찬	"친구의 좋은 점을 구체적으로 칭찬하는 방법을 알려줘. 예시도 들어줘."

규칙적인 생활 습관 만들기: 시간 관리, 학습 계획 수립, 자기 관리 능력 향상

자녀가 스스로 학습 계획을 세우고, 시간을 효율적으로 관리하며, 규칙적인 생활 습관을 형성하는 것은 쉽지 않은 일입니다. ChatGPT는 이러한 과정에서 자녀의 개인 비서 역할을 수행할 수 있습니다. 예를 들어, 자녀의 일과를 입력하면 최적의 학습 및 휴식 계획을 제안해주거나, 특정 목표 달성을 위한 단계별 계획을 수립하는 데 도움을 줄 수 있습니다. 또한, 학습 진도를 점검하고, 목표 달성 여부를 확인하며, 필요에 따라 계획을 수정하는 데도 활용할 수 있습니다. 이러한 과정을 통해 자녀는 스스로 계획하고 실천하는 자기 관리 능력을 자연스럽게 키울 수 있습니다.

상황	프롬프트 예시
학습 계획	"내일 시험이 3개 있어. 효율적인 공부 계획을 세워줘. (과목, 범위, 현재 학습 상태 입력)"
습관 형성	"아침에 일찍 일어나는 습관을 들이고 싶어. 매일 아침 6시에 일어날 수 있도록 도와줄 루틴을 만들어 줘."
진도 점검	"내가 세운 학습 계획을 잘 지키고 있는지 매일 점검해 주고, 피드백을 줘."

건강한 디지털 습관: 스마트폰, 인터넷 사용 시간 조절 및 올바른 정보 습득

디지털 기기는 현대 사회에서 필수적인 도구이지만, 과도한 사용은 자녀의 건강과 학습에 부정적인 영향을 미칠 수 있습니다. ChatGPT는 자녀가 건강한 디지털 습관을 형성하고, 인터넷에서 올바른 정보를 선별하여 습득하는 데 도움을 줄 수 있습니다. 예를 들어, 스마트폰 사용 시간을 줄이는 전략을 함께 고민하거나, 유해 콘텐츠를 피하고 유익한 정보를 찾는 방법을 알려줄 수 있습니다. 또한, 온라인에서 접하는 정보의 신뢰성을 판단하는 비판적 사고 능력을 키우는 데도 활용할 수 있습니다.

상황	프롬프트 예시
사용 시간 조절	"스마트폰 사용 시간을 줄이고 싶어. 구체적인 방법과 동기 부여가 될 만한 조언을 해줘."
정보 선별	"인터넷에서 정보를 찾을 때, 어떤 정보가 믿을 만한 정보인지 판단하는 기준을 알려줘."
대안 활동	"온라인 게임에 너무 몰두하는 것 같아. 게임 외에 내가 흥미를 느낄 만한 다른 활동들을 추천해서 줘."

정서적 지원: 스트레스 관리, 감정 표현, 긍정적인 사고방식 함양

학업 스트레스, 친구 관계 문제, 미래에 대한 불안감 등 자녀들은 다양한 정서적 어려움을 겪을 수 있습니다. ChatGPT는 이러한 자녀의 감정을 이해하고, 스트레스를 관리하며, 긍정적인 사고방식을 함양하는 데 도움을 줄 수 있는 가상의 상담사 역할을 할 수 있습니다. 자녀는 ChatGPT에게 자신의 고민을 털어놓고, 감정을 표현하는 연습을 할 수 있습니다. ChatGPT는 공감적인 반응을 보이고, 문제 해결을 위한 다양한 관점을 제시하며, 긍정적인 자기 대화를 유도할 수 있습니다.

상황	프롬프트 예시
스트레스 관리	"시험 때문에 너무 스트레스받아. 스트레스를 해소하는 방법들을 알려줘."
감정 조절	"요즘 자꾸 짜증이 나고 우울해. 내 감정을 어떻게 다스려야 할까?"
자신감 향상	"나는 자신감이 부족한 것 같아. 자신감을 키우는 방법들을 알려주고, 긍정적인 말을 해줘."

다양한 직업 세계 탐색: 관심 분야 직업 정보 탐색 및 미래 계획 수립

자녀가 특정 분야에 관심을 보인다면, ChatGPT에게 해당 분야의 직업에 대한 정보를 요청할 수 있습니다. ChatGPT는 직업의 종류, 필요한 역량, 관련 학과, 미래 전망 등 상세한 정보를 제공할 수 있습니다. 예를 들어, 자녀가 인공지능 분야에 관심이 있다면, AI 개발자, 데이터 과학자, 머신러닝 엔지니어 등 다양한 직업에 대한 설명을 듣고, 각 직업에 필요한 기술과 공부해야 할 내용 등을 파악할 수 있습니다. 이를 통해 자녀는 막연했던 꿈을 구체적인 목표로 설정하고, 그 목표를 달성하기 위한 계획을 세울 수 있습니다.

상황	프롬프트 예시
직업 정보	"인공지능 분야에서 일하고 싶어. 어떤 직업들이 있고, 각 직업은 어떤 일을 하는지 설명해줘."
필요 역량	"수의사가 되려면 어떤 공부를 해야 하고, 어떤 자질이 필요해?"
관련 직업	"내가 좋아하는 그림 그리기와 관련된 직업에는 어떤 것들이 있을까?"

자기 이해 및 강점 발견: 자녀의 흥미와 재능을 찾아 진로 방향 설정

자녀가 아직 자신의 흥미나 재능을 명확히 알지 못한다면, ChatGPT는 자녀의 자기 이해를 돕는 도구가 될 수 있습니다. 자녀의 평소 관심사, 좋아하는 활동, 잘하는 과목 등을 ChatGPT에게 이야기하고, 이를 바탕으로 어떤 분야에 재능이 있을지, 어떤 직업이 어울릴지 조언을 구할 수 있습니다. ChatGPT는 다양한 질문을 통해 자녀의 강점과 약점을 파악하도록 돕고, 이를 바탕으로 진로 방향을 설정하는 데 필요한 통찰을 제공할 수 있습니다. 부모님은 자녀와 함께 ChatGPT와 대화를 통해 자녀의 숨겨진 잠재력을 발견하고, 이를 개발할 수 있도록 격려해야 합니다.

상황	프롬프트 예시
흥미 기반 직업	"나는 책 읽는 것을 좋아하고, 글 쓰는 것을 즐겨. 나에게 어울리는 직업은 무엇일까?"
재능 기반 직업	"수학은 어렵지만, 친구들과 함께 문제를 해결하는 것은 좋아해. 어떤 분야가 나에게 맞을까?"
강점 발견	"내가 잘하는 것과 좋아하는 것을 바탕으로, 나만의 강점을 찾아줘."

미래 사회 변화와 AI: AI 시대에 필요한 역량 및 준비 전략

AI 기술의 발전은 미래 사회의 모습을 크게 변화시킬 것입니다. ChatGPT는 이러한 미래 사회의 변화를 이해하고, AI 시대에 필요한 핵심 역량을 파악하며, 이를 준비하기 위한 전략을 세우는 데 도움을 줄 수 있습니다. 예를 들어, 미래 사회에 중요해질 직업, 사라질 직업, 그리고 새롭게 생겨날 직업에 대한 정보를 얻을 수 있습니다. 또한, 창의적 사고, 비판적 사고, 문제 해결 능력, 협업 능력 등 AI가 대체하기 어려운 인간 고유의 역량을 어떻게 키울 수 있는지에 대한 조언을 구할 수 있습니다. 이를 통해 자녀는 불확실한 미래에 대한 막연한 불안감을 줄이고, 능동적으로 미래를 준비하는 자세를 갖출 수 있습니다.

상황	프롬프트 예시
유망 직업	"미래 사회에 유망한 직업은 무엇이고, 그 직업을 갖기 위해 지금부터 무엇을 준비해야 할까?"
인간 고유 역량	"AI 시대에 인간만이 할 수 있는 일은 무엇이고, 그런 역량을 키우려면 어떻게 해야 할까?"
역량 강화	"창의적 사고력을 키우기 위한 구체적인 방법들을 알려줘."

엄마에게 전하는 한 줄 팁

이 책을 통해 우리는 ChatGPT가 초·중·고등학생들 자녀를 둔 부모님들에게 얼마나 강력하고 다재다능한 교육 도구가 될 수 있는지 살펴보았습니다. 단순히 학습 보조 도구를 넘어, 자녀의 전인적인 성장을 돕는 파트너로서 ChatGPT의 무한한 가능성을 확인하셨기를 바랍니다.

ChatGPT 활용 시 주의사항 및 윤리적 고려사항

ChatGPT는 강력한 도구이지만, 올바르고 윤리적으로 사용하는 것이 중요합니다. 부모님은 자녀가 다음 사항들을 인지하고 실천하도록 지도해야 합니다.

1. 정보의 신뢰성 확인: ChatGPT가 제공하는 정보는 학습된 데이터를 기반으로 하므로, 항상 정확하지 않을 수 있습니다. 특히 중요한 정보나 사실관계는 반드시 다른 신뢰할 수 있는 출처(교과서, 전문가 의견, 공식 웹사이트 등)를 통해 교차 확인하도록 지도해야 합니다.

2. 비판적 사고 유지: ChatGPT의 답변을 맹목적으로 수용하기보다는, 항상 비판적인 시각으로 질문

하고 스스로 생각하는 습관을 길러야 합니다. "왜 그렇지?", "다른 관점은 없을까?"와 같은 질문을 통해 사고력을 확장하도록 유도합니다.

3. 표절 금지: ChatGPT가 생성한 텍스트를 그대로 베껴서 숙제나 과제로 제출하는 것은 표절에 해당합니다. ChatGPT는 아이디어를 얻거나 초안을 작성하는 데 활용하고, 최종 결과물은 반드시 자녀 스스로의 생각과 표현으로 완성하도록 지도해야 합니다.

4. 개인 정보 보호: ChatGPT와 대화할 때 자녀의 개인 정보(이름, 학교, 주소 등)나 민감한 정보(가족 관계, 친구 관계의 구체적인 갈등 상황 등)를 입력하지 않도록 주의해야 합니다. OpenAI의 데이터 정책을 이해하고, 채팅 기록 및 모델 학습 사용 여부를 설정하는 방법을 자녀에게 알려주는 것이 좋습니다.

5. 윤리적 사용: ChatGPT를 통해 타인에게 해를 끼치거나, 잘못된 정보를 유포하거나, 부당한 이득을 취하는 등의 비윤리적인 행위를 하지 않도록 교육해야 합니다. AI 기술의 사회적 책임과 윤리적 사용에 대한 인식을 심어주는 것이 중요합니다.

6. 균형 잡힌 활용: ChatGPT는 학습과 성장을 돕는 도구일 뿐, 모든 것을 대체할 수는 없습니다. 실제 경험, 사람과의 상호작용, 독서 등 다양한 학습 방법을 병행하여 균형 잡힌 성장을 이루도록 지도해야 합니다.

ChatGPT는 우리 아이들의 미래를 위한 중요한 학습 도구이자 동반자입니다. 부모님의 현명한 지도와 함께라면, 자녀는 ChatGPT를 통해 무한한 가능성을 탐색하고, 책임감 있는 AI 시민으로 성장할 수 있을 것입니다.

인포그래픽

4

아이가 AI와 너무 가까워도 괜찮을까?

아이가 AI와 너무 가까워도 괜찮을까?

AI에 대한 사전 지식의 부재

요즘 아이들에게 AI는 더 이상 낯선 기술이 아닙니다. 학교 발표 준비, 숙제, 심지어 놀이까지 AI를 활용하는 모습을 쉽게 볼 수 있습니다. 문제는 아이들이 AI를 '친숙한 도구'로 받아들이는 속도가 너무 빠르다는 점입니다.

우리가 새로운 물건을 사용할 때는 보통 사용 설명서를 읽거나, 충분히 익숙해진 후에 다루기 시작합니다. 하지만 AI는 사용법이 너무 쉬워서 별다른 고민 없이 바로 사용하게 됩니다. 질문을 입력하거나 버튼 하나만 누르면 답이 나오니, 아이들은 자연스럽게 AI를 '생각을 대신해 주는 존재'로 착각하기 쉽습니다.

AI는 데이터를 학습해 답을 만들어내는 도구일 뿐, 스스로 생각하거나 판단하지 않습니다. 하지만 원리를 알지 못하는 아이들은 AI가 제공하는 답을 절대적 진실로 받아들입니다.

따라서 부모와 교사는 아이들에게 AI의 기본 원리를 먼저 알려줄 필요가 있습니다.

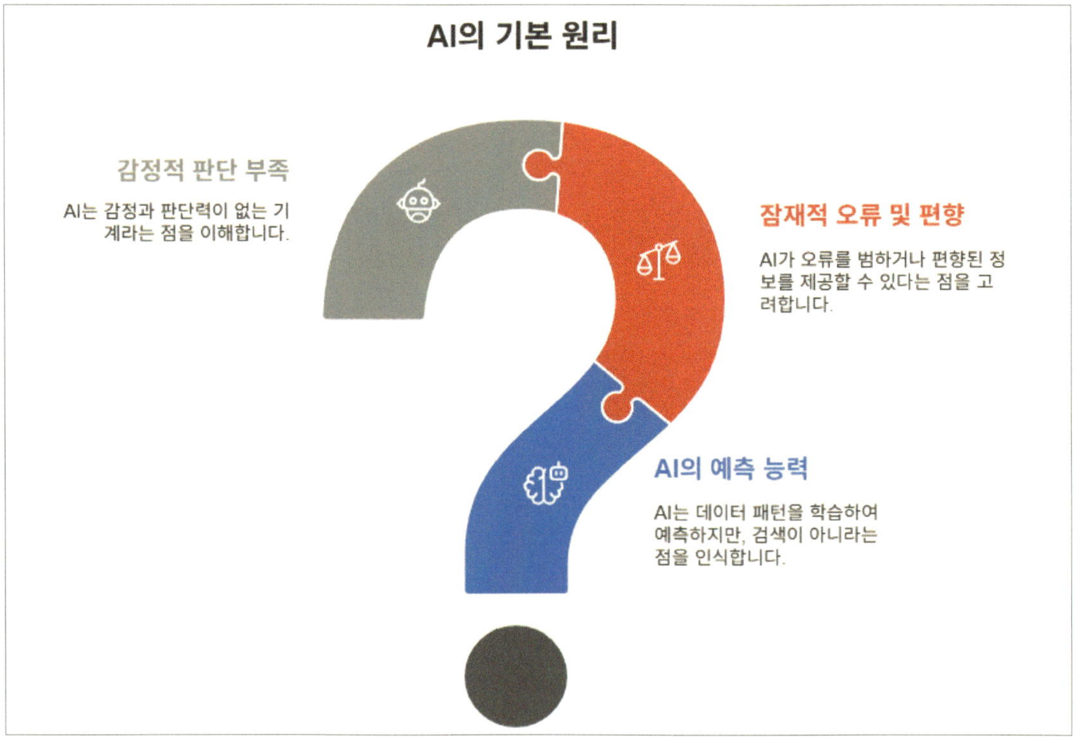

- AI는 '검색'이 아니라 데이터 패턴을 학습해 예측하는 기술이라는 점
- AI가 틀릴 수도 있고 편향된 정보를 줄 가능성이 있다는 점
- AI는 감정과 판단력이 없는 기계라는 점

> AI에 관해 기본 지식을 갖는 것은 단순한 학습이 아니라, 아이들이 AI와 건강한 거리를 유지하며 사고력을 키우는 첫 걸음입니다.

AI 자체에 대한 교육의 필요성

요즘 대부분 디지털 교육에서 강조하는 것은 "AI를 잘 활용하는 법"입니다.
AI에게 질문을 잘 하는 법, AI가 쓴 글을 다듬는 법, AI를 학습에 효율적으로 적용하는 법 등 활용 중심의 교육이 대부분이죠. 물론 이런 교육도 중요합니다. 하지만 AI를 효과적으로 활용하기 위해서는 그보다 먼저, AI 자체를 이해하는 교육이 선행되어야 합니다.

예를 들어 챗GPT 같은 생성형 AI는 인터넷에서 정보를 그대로 가져오는 것이 아니라, 방대한 데이터를 학습해 단어와 문장의 패턴을 예측해 가장 자연스러운 답을 생성하는 원리로 작동합니다. 이 기본 구조를 알면, 아이들이 AI가 때때로 사실과 다른 답을 내놓거나 출처를 명확히 제시하지 못하는 이유를 자연스럽게 이해할 수 있습니다.
따라서 부모와 교사는 아이들에게 AI의 원리와 한계를 먼저 알려주는 지도가 필요합니다.

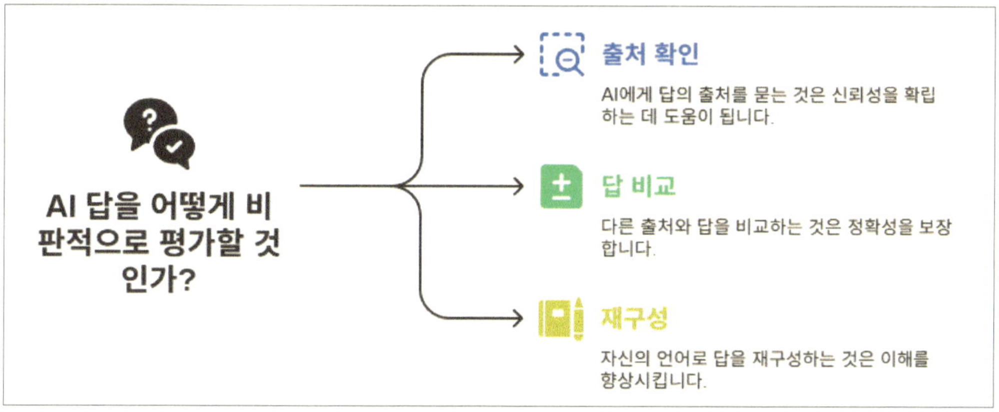

아이들이 AI의 작동 방식을 먼저 이해하면, AI를 단순한 '정답 제공자'로 사용하지 않습니다. 대신 AI가 제시한 정보를 비판적으로 바라보고, 필요한 만큼만 활용하는 주체적인 사용자로 성장할 수 있습니다.

AI 활용 교육도 필요하지만, 그보다 먼저 AI 자체에 대한 이해 교육이 이루어져야 합니다.

이것이 바로 디지털 시대 아이들에게 반드시 필요한 리터러시 교육의 출발점입니다.

AI는 도우미지, 선생님도, 친구도 아닙니다.

교실에서 실제로 있었던 일입니다.

이웃 나라와의 관계를 조사해 발표하는 과제를 냈는데, 발표 날 모든 조가 준비한 자료를 보니 문장 구성과 표현이 놀랍도록 비슷했습니다. 한눈에 봐도 AI가 작성한 답변을 그대로 붙여넣은 티가 났던 것이죠.

아이들은 스스로 조사하고 요약하기보다 챗GPT의 답을 그대로 가져다 쓴 것입니다.

결국 저는 과제 방식을 바꿨습니다.

집에서 조사해오는 과제 → 수업 시간 중 조사 및 발표 수업으로 전환했어요.

놀랍게도 아이들은 제한된 시간 안에서도 스스로 자료를 찾고, 친구들과 토론하며 내용을 정리해 훨씬 생생한 발표를 해냈습니다.

AI가 대신 써준 '완벽한 문장'은 없었지만, 아이들의 생각과 목소리가 담긴 발표였죠.

이 경험을 통해 아이들과 이런 대화를 나눴습니다.

"AI가 알려줄 수는 있지만, 생각하는 건 너희 몫이야."

AI와의 건강한 거리 유지하기

AI를 무조건 금지하는 것도, 아무 제약 없이 사용하는 것도 모두 위험합니다.

중요한 것은 **AI와의 '사용 방식'**을 바로잡아 아이가 스스로 생각하는 힘을 잃지 않도록 돕는 것입니다.

부모가 실천할 수 있는 방법은 다음과 같습니다.

① "같이 사용하기"에서 "혼자 사용"으로

처음에는 부모와 함께 AI를 사용하면서, 질문-응답 과정을 함께 살펴보세요.

AI의 답을 바로 받아적는 게 아니라, 답을 어떻게 도출했는지 과정을 함께 분석하는 것이 중요합니다.

충분히 익숙해지면 아이가 스스로 질문을 만들고 활용할 수 있도록 '혼자 사용'으로 넘어갑니다.

② "사용 시간"보다 "사용 방식" 점검하기

AI를 단순히 정답을 주는 도구로 쓰지 않도록 지도하는 것이 필요합니다.

아이에게 "AI한테 답을 물어봐"라고만 말하지 말고, AI와 대화를 주고받으며 정답을 도출하는 방법을 가르쳐야 합니다.

예를 들어, 아이가 "지구 온난화를 막는 방법"을 알고 싶다면 이렇게 지도합니다.

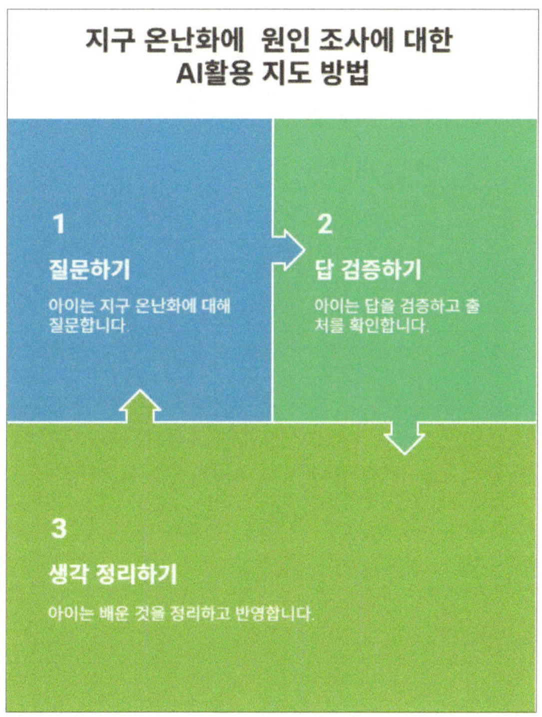

③ "AI 사용 후 되묻기" 습관 만들기

AI가 답을 준 뒤에는 부모가 아이에게 이렇게

물어보세요.

"AI가 이렇게 말했는데, 네 생각은 어때?" / "다른 방법도 있을까?"

"이 답을 믿을 수 있는지 확인할 방법은 뭐가 있을까?"

> 이런 습관을 들이면 아이는 AI의 답을 그대로 받아들이는 대신, 자기 생각을 덧붙이고 검증하는 힘을 기르게 됩니다.

인공지능 시대의 디지털 윤리란?

왜 '윤리'가 AI와 함께 따라와야 할까?

"AI는 도구인데, 왜 윤리가 필요해요?"

요즘 아이들에게 AI는 '모범생 친구'처럼 보입니다. 숙제를 대신 해주고, 글도 멋지게 써주고, 그림까지 그려주니까요.

하지만 부모님의 입장에서 AI를 들여다보면 조금 다릅니다. AI는 정보를 빠르게 제공하는 강력한 도구지만, 판단 능력 · 양심 · 감정은 없습니다. 가끔은 사실이 아닌 내용을 그럴듯하게 말하거나, 편향된 데이터를 바탕으로 답을 내놓기도 하며, 누군가의 창작물을 무단으로 흉내내기도 합니다.

예를 들어, 아이가 챗GPT에게 "우리나라의 역사 사건을 요약해줘"라고 물었다고 해봅시다. AI가 틀린 연도를 말하거나, 특정 관점을 과도하게 강조할 수도 있습니다. AI는 책임을 지지 않기 때문에, 잘못된 정보를 그대로 받아들이면 그 피해는 고스란히 아이에게 돌아옵니다. 따라서 AI를 잘 활용하기 위해서는 디지털 윤리가 반드시 필요합니다. 윤리는 아이가 AI를 올바르게 이해하고, AI가 준 정보를 검증 · 해석 · 활용할 수 있는 힘을 키워주는 기준점이 됩니다. AI가 아무리 똑똑해도, 결과를 해석하고 책임지는 건 결국 우리의 몫이라는 사실을 잊지 않아야 합니다.

디지털 윤리란 '기술 안의 규칙'을 배우는 일

디지털 윤리는 어렵지 않습니다. 간단히 말해, "기술을 사용할 때 지켜야 하는 최소한의 규칙"입니다. AI를 활용해서 과제를 해결하거나, SNS에 글을 올리거나 할 때 우리 아이가 스스로 던져야 할 세 가지 핵심 질문은 다음과 같습니다.

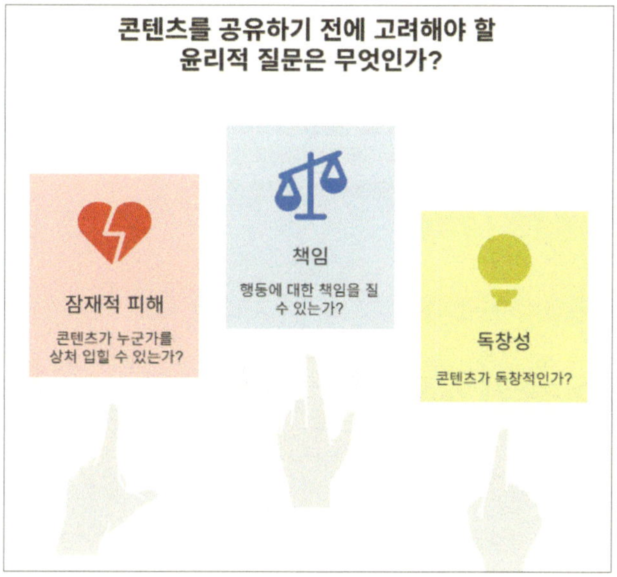

AI 시대에 더 중요해진 윤리

사실 윤리라는 개념은 새로운 것이 아닙니다.
우리가 어릴 적 배웠던 "남의 것을 함부로 쓰지 말자", "정직하게 말하자", "공동체를 존중하자" 같은 기본적인 도덕 규칙은 디지털 환경에서도 그대로 적용됩니다. 하지만 AI의 등장은 윤리의 무게와 복잡성을 완전히 바꾸어 놓았습니다. 예전에는 누군가의 글이나 그림을 무단으로 사용하면 비교적 쉽게 알 수 있었습니다.

그러나 지금은 AI가 순식간에 글과 그림을 생성해내기 때문에, "이게 누가 만든 것인지" 구분하기가 매우 어려워졌습니다.
단순히 남의 것을 베끼지 않는 양심 교육만으로는 부족한 시대가 된 것입니다.

'AI가 만든 '새로운 윤리적 딜레마'

AI 시대의 윤리가 어려운 이유는, 기술이 우리 아이들에게 보이지 않는 선택을 강요하기 때문입니다.
① AI는 가짜 정보를 진짜처럼 보여줄 수 있습니다.
→ 예: AI가 출처 없는 오답을 자신 있게 제시하면, 아이는 사실처럼 믿고 잘못된 정보를 퍼뜨릴 위험이 있습니다.

② AI는 누가 만든지도 모르는 창작물을 쉽게 복사합니다.

→ 예: 한 학생이 AI가 생성한 그림을 자신의 작품이라고 속이면, 저작권 분쟁에 휘말릴 수도 있습니다.

③ AI는 아이의 취향과 정보를 학습해 행동을 유도합니다.

→ 예: 광고 알고리즘을 활용해 특정 상품을 반복 노출하거나, 한쪽 시각만 강화하는 콘텐츠를 추천해 아이의 생각을 편향시킬 수 있습니다.

이처럼 AI는 아이의 정보 습득, 사고 방식, 심지어 소비 습관까지 영향을 미칠 수 있습니다. 단순히 "착하게 행동하자"는 도덕 교육만으로는 부족한 이유가 바로 여기에 있습니다.

아이들이 AI를 사용할수록 더 많은 윤리적 선택을 마주하게 됩니다. 그때마다 옳고 그름을 대신 정해주는 것보다, 스스로 판단할 수 있는 기준과 사고력을 키워주는 것이 부모의 역할입니다.

부모의 역할

'가르치는 사람'에서 '코치'로 AI 시대에 부모의 역할은 단순히 규칙을 알려주는 사람에서 한 발 더 나아가야 합니다. 부모가 먼저 AI의 작동 원리와 윤리 문제를 이해하고, 아이와 함께 상황을 분석하며 질문을 던지는 코치가 되어야 합니다.

부모가 먼저 이해해야 할 디지털 윤리 키워드

디지털 시민성	온라인에서도 오프라인과 마찬가지로 예의, 존중, 책임을 지키는 태도. 댓글, 채팅, 단체방에서의 말투와 행동 모두 포함됩니다.
알고리즘 편향	AI는 사람이 만든 데이터를 학습하기 때문에 불완전한 데이터나 편향된 정보에 영향을 받을 수 있습니다. 특정 관점만 강화된 답을 제시할 가능성이 있습니다.
프라이버시 침해	AI와 온라인 플랫폼에서 입력한 정보가 어디에, 어떻게 저장·활용되는지 이해하고 관리하는 능력입니다. 개인 정보 노출이 최소화되도록 지도해야 합니다.
책임있는 창작	AI가 도와 만든 콘텐츠를 내 것처럼 속이지 않는 태도. 도움받은 부분을 명확히 밝히는 것이 원칙입니다.
출처표기	AI와 사람이 만든 콘텐츠의 경계를 구분하고, 원작자와 데이터의 출처를 투명하게 기록하는 습관입니다.

부모가 아이와 함께 실천할 작은 팁

① 질문 먼저, 답은 나중에

→ AI에게 질문하기 전, "내가 알고 싶은 게 뭘까?"를 먼저 정리하는 습관을 들입니다.

② AI 답 검증 훈련

→ "AI가 이렇게 말했네, 근거가 뭘까?" "다른 자료도 찾아볼까?" 대화를 통해 비판적 사고를 돕습니다.

③도움받은 흔적 남기기

→ 보고서, 발표, 과제에서 AI가 기여한 부분을 한 줄 메모로 남기는 습관을 함께 연습합니다.

가정에서 실천하는 디지털 윤리 교육

AI 시대의 디지털 윤리는 원칙을 아는 것보다 실제 상황에서 적용하는 연습이 더 중요합니다.아이가 매일 경험하는 사례 속에서 함께 질문하고 판단해보는 것이 가장 효과적인 학습 방법입니다.

다음은 가정에서 실천할 수 있는 네 가지 실제 상황 예시입니다.

사례 1 AI가 숙제를 대신해줄 때

- 아이가 과학 발표문을 써야 하는데, 챗GPT에게 통째로 맡겨서 그대로 복사해오려고 합니다.

- 부모의 대화 예시

"AI가 작성한 글이 멋지네. 그런데 발표할 때 누가 쓴 건지 물어보면 뭐라고 대답할래?"

"이 문장에서 네 생각은 어디에 들어갔어?"

"AI가 알려준 내용 중에서 가장 중요한 거 세 개만 네 말로 다시 써줄래?"

- 실천 포인트

AI 도움을 받았더라도 아이의 언어로 다시 표현하는 훈련을 시켜야 합니다. 보고서 맨 아래에 "AI 도움: 자료 요약"이라고 간단히 표시해 투명성을 유지하는 습관을 길러줍니다.

사례 2 AI가 만든 그림을 작품으로 제출할 때

- 아이가 미술 수업에서 AI 이미지 생성기로 만든 그림을 제출하려 합니다.

- 부모의 대화 예시

"이 그림은 AI가 도와준 거지? 그럼 선생님께 AI 도움을 받았다고 말할 수 있어야 해."

"만약 다른 친구가 이 그림을 네 작품이라고 생각하면 기분이 어때?"

"AI가 준 초안을 바탕으로 네가 색깔이나 디테일을 조금 수정해보는 건 어때?"

- 실천 포인트

창작과 편집의 차이를 구분하는 습관을 길러야 합니다.

사례 3 AI가 잘못된 정보를 줄 때

- 아이가 챗GPT에게 "세계에서 가장 긴 강"을 물었는데, 사실과 다른 답을 자신 있게 말했습니다.

- 부모의 대화 예시

"AI가 이렇게 말했네. 다른 백과사전이나 지도에서도 똑같이 나오나 확인해볼까?"

"만약 답이 다르다면, 왜 다른지 비교해보자."

- 실천 포인트

정보 검증 습관을 자연스럽게 훈련할 수 있는 기회로 활용합니다.

AI 답을 절대적 정답으로 받아들이지 않도록 부모가 함께 비교 검토 과정을 보여줍니다.

아이가 지켜야 할 온라인 예절

온라인이라고 해서 예의가 필요 없는 건 아니에요

최근 학교 현장에서 가장 많이 발생하는 문제 중 하나는 온라인에서의 욕설과 언어폭력입니다. 단체 채팅방, 학급 메신저, 게임 대화방 등에서 친구를 놀리거나 욕설을 주고받는 일이 빈번하게 일어나고 있습니다. 아이들은 짧은 채팅 속도가 익숙하다 보니 거친 표현을 쉽게 쓰고, 상대방의 표정과 목소리를 볼 수 없기 때문에 말의 무게를 실감하지 못하는 경우가 많습니다. 또 경우에 따라 학급 단체방에서 누군가를 특정해 놀리거나 별명을 붙이는 일이 반복되면서 학폭까지 문제가 확대되는 사례도 많습니다.

온라인에서는 상대방의 표정, 목소리, 분위기를 읽을 수 없기 때문에 의도치 않게 남을 상처 입히기 쉽고, 한 번 퍼진 말은 캡처·공유를 통해 더 많은 사람에게 전해질 수 있습니다. 결국 사소한 말 한마디가 큰 갈등이나 왕따 문제로 번질 수 있다는 점을 아이들에게 알려주는 것이 필요합니다.

부모가 아이에게 전달해야 할 핵심 메시지

- 온라인도 결국 사람을 대하는 공간이라는 사실
- 한 번 올린 글 · 사진 · 욕설은 쉽게 사라지지 않고 기록으로 남는다는 사실
- 디지털 공간에서는 오히려 더 조심스럽게 언어를 써야 한다는 점

실천 예시

① 뉴스 · 영상 사례를 활용한 대화

- 최근 뉴스 기사나 학교 안내문에서 온라인 욕설 · 언어폭력 사건을 찾아 함께 읽습니다.
- 대화 예시: "오늘 뉴스에서 단체방에서 욕설하다가 상담실에 불려간 사건이 있더라. 너라면 저 상황에서 어떻게 대답했을 것 같아?"

② '내가 받은 말 vs 내가 하고 싶은 말' 비교하기

- 아이에게 최근 채팅에서 기분 나빴던 말을 예로 들어보게 합니다.
- 대화예시: "네가 그 말을 들었다면 어떤 기분이었을까?"를 묻고, "그럼 같은 상황에서 어떻게 표현하면 좋을까?"로 이어갑니다.

③ 온라인 평판에 대해 이야기 나누기

- 아이들에게 디지털 흔적과 온라인 평판 관리의 중요성을 알려줍니다.
- 대화 예시: "단체방에서 욕설을 쓰면, 캡처돼서 다른 반 친구들한테까지 퍼질 수 있어. 나중에 선생님이나 부모님, 다른 친구들이 그걸 보면 너를 어떻게 생각할까?"

초등학생에게 꼭 필요한 온라인 에티켓 5가지

아이들이 온라인 공간에서 겪는 문제는 주로 단체 채팅방, 게임 채팅, 사진·영상 공유, 친구 관계, 정보 신뢰성과 관련 있습니다. 아래 다섯 가지 에티켓은 실제 상황을 중심으로, 아이가 바로 실천할 수 있는 방법을 담았습니다.

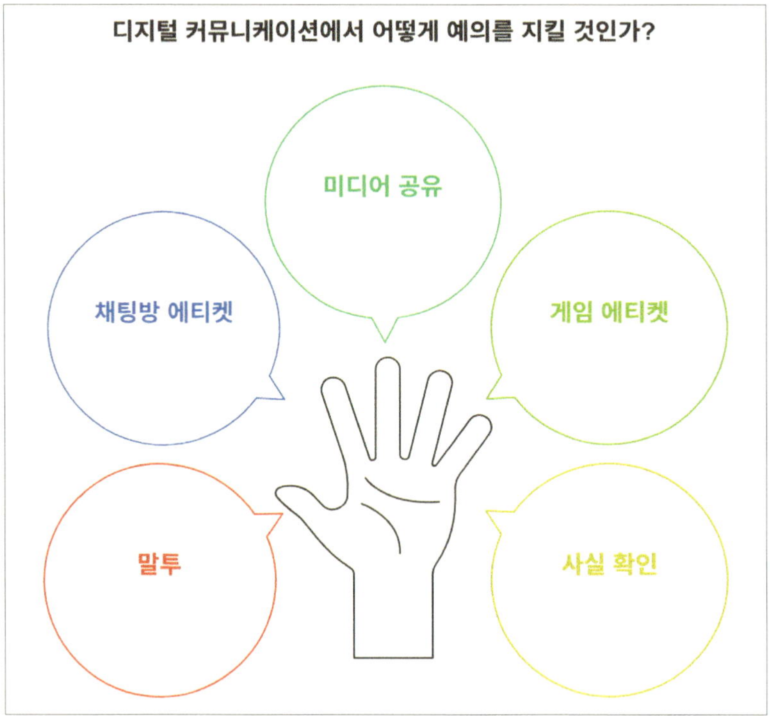

① 말투에도 마음이 담겨요

온라인에서는 얼굴 표정이나 목소리를 볼 수 없기 때문에, 같은 말도 훨씬 더 차갑게 들릴 수 있습니다.

> **부모를 위한 팁**
>
> 부모와 아이가 채팅 역할극을 해보세요. 한쪽은 명령조 말투, 한쪽은 공손한 말투를 쓰고, "어떤 느낌인지" 비교해보는 게 효과적입니다.

② 단체 채팅방에서는 '3초 멈춤'

단체방에서 친구들끼리 오해와 갈등이 가장 많이 발생합니다. 문제를 줄이려면 메시지를 보내기 전에 3초만 멈추는 습관을 알려주세요.

부모를 위한 팁

올리기 전 "이 말이 꼭 필요할까?" 한 번만 생각하기
다른 친구를 놀리는 메시지에 웃는 이모티콘 · 'ㅋㅋ' 반응 남기지 않기
단체방에서 갈등이 커지면 나오기보다 빠르게 부모님 · 선생님에게 알리기

③ 사진 · 영상은 반드시 허락받고 올리기

초등학생들이 자주 겪는 문제 중 하나는 친구 얼굴 · 목소리 · 작품 사진을 허락 없이 올리는 것입니다. 의도는 장난이었더라도 친구 입장에서는 심각한 상처가 될 수 있습니다.

부모를 위한 팁

"만약 네 사진을 허락 없이 올리면 기분이 어땠을까?"라고 역지사지 질문을 던져보세요. 허락받는 습관은 단순한 예의가 아니라 타인의 권리를 지키는 윤리라는 점을 알려줄 수 있습니다.

④ 게임 채팅에서도 예의 지키기

게임 단체방과 실시간 음성 채팅에서 발생하는 욕설 · 조롱은 학교 상담 사례의 절반 이상을 차지합니다. 게임 속에서 만났다고 해서 친구가 아닌 것이 아니며, 말 한마디가 큰 오해와 갈등으로 이어질 수 있습니다.

혹시 화가 나도 욕하지 않고 표현할 다른 방법이 있을까?

→ 아이와 함께 화가 났을 때 표현할 말을 만들고 일상생활에서도 비슷한 상황에서 계속 사용할 수 있도록 지속적으로 훈련합니다.

⑤ 퍼오기 전에 사실인지 먼저 확인하기

초등학생 사이에서는 '밈(meme)'이나 소문을 그대로 퍼오는 경우가 많습니다.

하지만 온라인에는 검증되지 않은 정보가 많아, 잘못된 사실을 퍼뜨릴 위험이 있습니다.

부모팁

퍼오기 전 "이게 사실일까?" 한 번 묻기

두 개 이상의 출처에서 같은 정보인지 확인하는 습관 들이기

부모와 "정보 확인 퀴즈"를 하며 올바른 검증 방법을 연습해보는 것도 좋습니다.

온라인 행동도 결국은 '내 이름'으로 남아요

아이들이 가장 많이 오해하는 것 중 하나는 "인터넷에 올린 글은 지우면 사라진다"는 생각입니다. 하지만 실제로는 온라인에서 한 행동 대부분이 디지털 흔적으로 남습니다.

심지어 한 번 삭제한 글이나 채팅도 캡처, 서버 기록, 친구 저장 등으로 언제든 다시 드러날 수 있습니다.

학교 현장의 실제 사례

학교 상담실에서 자주 다루는 문제 중 하나가 단체 채팅방에서의 욕설, 조롱, 따돌림입니다. 아이들은 대화가 '실시간'으로 지나가니 금방 잊힌다고 생각하지만, 친구 한 명이 캡처한 스크린샷으로 모든 대화 내용이 그대로 남아 문제가 커지는 경우가 많습니다.

사례 ① 단체방 욕설 사건

한 학생이 단체방에서 친구에게 심한 욕설을 보냈다가, 상대 학생이 캡처본을 부모님과 학교에 제출하면서 상담실로 불려갔습니다. 아이는 "지웠는데 왜 남았는지 몰랐다"고 했지만, 캡처한 대화는 명백한 증거가 되어버렸습니다.

사례 ② 온라인 따돌림 사건

몇 명의 학생이 특정 친구의 사진을 단체방에 공유하며 조롱하는 메시지를 반복 작성했습니다. 피해 학생이 해당 메시지 캡처를 교사에게 보여줬고, 결국 가해 학생 전원에게 학교생활기록부에 온라인 언어폭력 사실이 기록되었습니다.

이처럼 아이들이 무심코 올린 메시지가 온라인 학교 폭력이 되는 경우가 많습니다.

디지털 흔적은 곧 '온라인 평판'으로 이어집니다. 온라인에서 남긴 메시지와 행동은 단순히 사라지는 게 아니라, 아이의 이미지와 평판을 결정하는 중요한 요소가 됩니다. 단체방에서 욕설을 반복적으로 쓴 기록은 다른 친구들에게 "언제든 화를 내는 사람"으로 인식됩니다. 온라인 행동 기록은 학년이 바뀌어도 그대로 남아새로운 친구 관계와 교우 관계에도 영향을 미칠 수 있습니다.

부모가 해줄 수 있는 대화 예시

"혹시 네가 단체방에 쓴 말이 캡처돼서 단체방 사람들 외에 많은 사람들이 본다면 기분이 어떨 것 같아?"

"친구한테 상처 주려고 쓴 말이 아니더라도, 다른 사람은 다르게 받아들일 수 있어."

이처럼 단순히 "욕하지 마"라고 지적하는 것이 아니라, 결과와 책임을 연결해서 설명하는 대화가 훨씬 효과적입니다.

에필로그

요즘 아이들은 AI와 디지털 환경 속에서 자연스럽게 배우고 소통하며 성장하고 있습니다. 하지만 편리한 기술 뒤에는 우리가 간과하기 쉬운 여러 가지 위험과 도전 과제가 숨어 있습니다. 먼저 AI 활용에서는 단순히 정답을 얻는 데 그치지 않고, AI와 대화를 통해 사고력을 키우는 사용법을 배우는 것이 중요합니다.

AI가 제공하는 답은 항상 정확하지 않으며, 아이 스스로 질문을 던지고, 비교하고, 자신의 생각을 더하는 과정이 필요합니다. 또한, AI가 만든 글·그림을 그대로 사용하는 대신 출처를 명확히 밝히고 책임 있게 활용하는 습관을 길러야 합니다.

한편으로, 학교 현장에서는 온라인 언어폭력이 점점 문제가 되고 있습니다. 단체 채팅방이나 게임 대화방에서 무심코 쓴 욕설, 조롱, 놀림 한마디가 캡처되어 명백한 증거가 되어 되돌아오기도 합니다. 한순간의 감정으로 보낸 메시지가 학교 상담, 교우 관계, 심지어 생활기록부까지 영향을 줄 수 있다는 사실을 아이들에게 알려주는 것이 중요합니다.

마지막으로, 온라인에서의 행동은 결국 아이의 평판과 직결됩니다. 삭제해도 남는 디지털 흔적, 퍼져나가는 이미지와 글들은 미래의 친구 관계와 사회적 신뢰에도 영향을 미칠 수 있습니다. 부모와 교사는 아이가 AI와 디지털 세상 속에서 생각하는 힘, 올바른 판단, 책임 있는 태도를 기를 수 있도록 함께 대화하고 지도해야 합니다.

AI 시대의 핵심 교육은 단순한 기술 습득이 아니라, 아이가 스스로 올바른 선택을 하고 책임 있게 행동하는 힘을 길러주는 데 있습니다.

엄마가 절대 모르는

내 아이의 슬기로운

DIGITAL

학교생활

1판 1쇄 2025년 11월 28일

저자 신병철 · 이용한 · 최은창 · 하주성

발행인 이경화

발행처 디자인21

주소 04560 서울특별시 중구 퇴계로 293-1 3층

전화 02-2269-6561(대)

팩스 02-2269-6568

e-mail 21publish@naver.com

블로그 https://blog.naver.com/publish21

인스타 https://www.instagram.com/21publish.co.kr

홈페이지 https://21publish.co.kr

등록번호 제1-1128호

등록일자 1991. 2. 12

ISBN 978-89-6131-196-0 03370

정가 16,000원